爽快なる人生
時代に挑戦した先人たち

月尾 嘉男

遊 行 社

まえがき

よく引用される言葉として、ドイツ帝国の宰相オットー・フォン・ビスマルクの「愚者は経験から学習し、賢者は歴史から学習する」という名言があります。これは一人の人間の経験ではなく、歴史という多数の人間の経験の集積に重要な価値があるという意味と理解できます。

しかし、現代は人類が過去に経験したことのない現象が次々と発生しています。昨年、国際連合は世界の人口が八〇億人に到達したと発表しました。これは地球に入射する太陽エネルギーが育成する食糧の総量が養育できる人口に匹敵します。簡単に表現すれば、地球環境の限界まで人間は増大してきたという意味です。

現代社会の重要な基盤である情報通信技術もウェブ3と名付けられた未踏の領域に発展し、個別の技術はエネルギー消費を削減する方向にあり、人間や物質の移動を情報通信で代替する役割もあります。しかし、世界で大量に情報が飛翔するようになった結果、全体ではエネルギー消費が桁違いに急増していきます。

このような足元に接近している危機を歴史から学習することは容易ではありません。そこで広範な教養（リベラルアーツ）が必要とされます。その役割は人間が地球に生存している理由、異質な文化の摩擦により発生する闘争、社会が目指すべき本来の方向などを考察することです。

このような背景から、多数の方々が人間の未来や地球の未来を考察するために参考となるような人々の人生を『モルゲン』と『パーセー』という冊子に紹介してきました。これまで遊行社から発刊された『清々しき人々』（二〇一八）、『凛々たる人生』（二〇二一）の続刊になります。

二冊の前著と同様、歴史が専門ではない筆者が古今東西の偉人の生涯を紹介するためには多数の書籍やウェブサイトを参照していますが、学術書籍ではないため、それらの紹介は割愛させていただいております。このような執筆の機会をいただいた遊行社とパーセー実践哲学研究所の皆様に感謝します。

令和五年新春

月尾嘉男

目次

挿画／浅見　麻耶

天平時代の社会改革に活躍した僧侶

行基

（六六八―七四九）

栄耀栄華時代の裏側

藤原京からの遷都により、平城京が日本の都となった七一〇年から平安京に遷都する七九四年までは奈良時代とされますが、その中心は第四五代聖武天皇が統治された七二九年から七四九年まで二一年間の天平時代です。この天下泰平を連想させる年号の時代は『万葉集』に収録されている「あおによし　奈良の都は　咲く花の　におふがごとく　今盛りなり」という和歌に象徴されるように、古代の栄耀栄華の時代のようですが、実態は内乱、疫病、災害が頻発した時代でした。

とりわけ農民には穀物を自身で運搬して支払う「租」、労役で支払う「庸」、織物で支払う「調」などの課税や、防人《さきもり》などの兵役があり、大変な負担を強要されていた時代です。この一見すると栄華の社会の裏側にある格差を和歌で表現したのが官吏であった山上憶良（六六〇―七三三）です。『万葉集』に七八首の和歌が採択されていますが、多数は地方へ赴任したときに見聞した農民の苦闘を表現した内容で、その代表が「貧窮問答歌」です。

風雑《まじ》り　雨降る夜の　雨雑り　雪降る夜は　術《すべ》もなく　寒くしあれば　堅塩《かたしお》を　取りつづしろひ　糟湯酒《かすゆざけ》うち啜ろひて　咳《しわぶ》かひ　鼻びしびしに　然《しか》とあらぬ　髭かき撫でて　吾《あれ》を除《お》きて　人はあらじと　誇ろへど　寒くしあれば　麻衾《あさふすま》　引き被《かがふ》り　布肩衣《ぬのかたきぬ》　有りのことごと　着襲《きそ》へども　寒き夜すらを　吾よりも　貧しき人の　父母は　飢ゑ寒《こご》ゆらむ　妻子《めこ》どもは　乞ふ乞ふ泣くらむ　この時は　如何にしつつか　汝が世は渡る

天地《あめつち》は　広しといへど　吾《あ》が為は　狭《さ》くやなりぬる　日月は　明しといへど　吾が為は　照りや給はぬ　人皆か　吾のみや然る　わくらばに　人とはあるを　人並に　吾もなれるを　綿も無き　布肩衣の　海松《みる》の如　わわけ下がれる　かかふのみ　肩に打ち掛け　伏盧《ふせいお》の　曲盧《まげいお》の内に　直土《ひたつち》に　藁解き敷きて　父母は　枕の方に　妻子どもは　足の方に　囲み居て　憂へ吟《さまよ》ひ　竈《かまど》には　火気《ほけ》吹き立てず　甑《こしき》には　蜘蛛の巣かきて　飯炊《いひかし》く　事も忘れて　ぬえ鳥の　のどよひ居るに　いとのきて　短き物を　端切ると　言へるがごとく　しもと取る　五十《さと》戸長《おさ》が声は　寝屋戸《ねやど》まで　来立ち呼ばひぬ　かくばかり　すべなきものか　世の中の道

世間を憂しとやさしと思へども　飛び立ちかねつ　鳥にしあらねば

社会活動に進出した僧侶

朝廷の役人であった憶良が社会の実態を和歌として記録したことは価値ある業績ですが、その実態を改良しようとした僧侶が存在します。その僧侶である行基を今回は紹介します。近鉄奈良駅前の広場に両手に数珠をもつ一体の影像が設置されていますが、これが行基です。行基は憶良と前後して六六八年に河内国大鳥郡（堺市西区家原寺町）で渡来の家系とされる高志才智《こしのさいち》と蜂田古爾比売《はちだのこにひめ》を父母として誕生しました。

一五歳の六八二年に奈良にある大官大寺で得度して出家し、法行という名前になり、二四歳のときには高宮寺の高僧の徳光禅師により受戒します。さらに飛鳥寺や薬師寺で修行し、名前を行基としました。そこで指導をした僧侶の道昭《どうしょう》は遣唐使として入唐し、インドから経典や仏像を中国へもたらした玄奘《げんじょう》法師から指導されたことで有名な人物ですが、帰国してから各地で井戸の掘削や桟橋の構築をした人物で、それが行基の活動に影響しています。

三六歳になって以後、母親と一緒に生活しながら奈良の一帯で修行しますが、四三歳になった七一一年に母親が死亡し、それを転機に行基集団と名付けられる僧俗混合の宗教集団を形成し、近畿地方を中心に貧民救済や治水工事など社会事業活動を開始するようになりました。しかし、この行基と弟子たちの活動が活発になってきたため、僧尼の宗教活動以外の活動を規制する「僧尼令」に違反するとして、七一七年に糾弾されてしまいます。

それにもかかわらず、行基は平城京の各地で多数の人々を相手に説教するとともに、新田開発や灌漑事業を継続し、その活動が庶民だけではなく地域の豪族にも支持されるようになります。そのような時期に朝廷から二種の法令が発令されます。第一は七二二年の「良田一百万町歩開墾計画」です。現在の日本の農地面積は四三五万町歩ですから、人口が約五〇〇万人の当時に一〇〇万町歩の開拓をすることが、いかに壮大な構想かが理解できます。

背景にあるのは人口が増加しはじめ食糧が不足気味になりつつあったことや、東北など辺境の土地での国防のために財源を必要とした当時の事情です。しかし建設機械も存在せず、人手しか労力のない時代に号令だけでは開拓は進行しないため、翌年に朝廷が発布したのが「三世一身法」という法令です。新田を開墾した場合、開墾した人間の三世代先まで田畑の私有を許可する制度です。これは行基の活動にとっては追風でした。

さらに行基は平城京の周辺で数千人の民衆を相手に説教をするなど活動していましたが、それが朝廷に歯向かうような意図ではないことが次第に判明してきたため、朝廷は新田開発や治水事業に行基の能力を利用する方向に転換します。そして七三六年にインド出身の僧侶の菩提僊那《ぼだいせんな》が来日したときには行基が出迎えて平城京を案内して対応したため、七三八年には行基は「行基大徳」という称号まで授与されるようになりました。

一五ケ所に建造した溜池

ここで行基集団が実施した事業をいくつか紹介します。大阪市の東側に隣接する大阪狭山市の中心に面積四〇ヘクタールにもなる広大な狭山池という溜池があります。一帯の河内平野は水利の不便な地域で古代から多数の溜池が造成されていますが、狭山池はダムを建設して実現した溜池としては日本最古で、二〇一四年には国指定重要文化財に指定されています。行基集団は一五の溜池を実現していますが、その代表です。

河内平野に溜池が造成されたことは古代の史書に記録されていますが、『古事記』に

狭山池

は第一一代垂仁天皇の時代に狭山池が実現したと記録され、『続日本紀』には七三二年に工事をしたことや七六二年に決壊した狭山池を修造したという文章がありますし、行基の活動を記録した『行基年譜』には七三一年に「狭山池院」と「狭山池尼院」を起工したという記録があるので、工事に参加する信者を現地で教育していたことも推察できます。

行基集団が建造した狭山池よりも一回り広大な四六ヘクタールの面積がある溜池が岸和田市にある久米田《くめだ》池です。周囲には最高で堤高が九メートルにもなる盛土の堤防が構築されています。地図によると周辺には多数の溜池が存在しており、用水の確保に苦労してきた地域ということが理解できます。しかし、二〇〇メートルほど東側に水量が豊富な牛滝川《うしたき》が流下しており、その上流から取水して用水を確保してきました。

淀川流域の広大な沼地を干拓

行基は河川改修にも挑戦しています。最大の挑戦が淀川の改修でした。かつて淀川の上流には巨椋池《おぐら》という広大な湖水がありました。北西から桂川、北東から宇治川、東側から木津川が流入し、面積は八平方キロメートル、富士山麓にある河口湖より一回り広大な湖沼でした。残念ながら一九三〇年代に干拓され、現在では消滅してしまいましたが、この湖水の効果で行基の時代には淀川の氾濫は頻発せず、流域の開拓が課題でした。

要所は巨椋池からの水流の出口となる山崎、中流で河川が方向転換する枚方、下流で二本に分流する大隅でした。行基は山崎には久修園院と山埼院、枚方には枚方院と薦田《こもだ》尼院を設置し、周辺を開拓していきます。そして行基集団が集中して開拓したのが淀川と並行して左岸を流下する古川と淀川の中間にある二〇平方キロメートルにもなる広大な沼地で、そこを干拓して農地にするという壮大な構想でしたが、見事に達成しました。

社会安泰祈願の大仏建立

このような行基集団の実行能力に注目したのが聖武天皇でした。在位の八世紀の中頃、日本には様々な災難が襲来していました。疫病が流行して当時の政権の中枢にあった藤原武智麻呂《むちまろ》、房前《ふささき》、宇合《うまかい》、麻呂《まろ》の四人の兄弟が相次いで死亡し、さらに旱魃による飢饉が発生していたところに、七三四年にマグニチュード七と推定される畿内七道地震が発生して奈良を中心に多数の家屋が倒壊し、多数の死者が発生するという状態でした。

そこで聖武天皇は厄払いのため、七四〇年に恭仁《くに》京、七四四年に難波宮、翌年に紫香《しが》楽宮《らきのみや》に都を移動させますが効果はなく、四ヶ月後には平城京に帰還するという混乱でした。途中の七四一年には全国に国分僧寺と国分尼寺を建立しますが際立った効果はなく、七四三年に盧舎那仏《るしゃなぶつ》の巨像を建立する決定をします。当初は紫香楽宮に建立の計画でしたが、周辺で森林火災が発生したため、平城京に安置することとし、七四五年から制作が開始されました。

そのような時期の七四三年に聖武天皇は行基に直接出会い、大仏造営のための勧進

（資金調達）の役目を依頼します。その効果は抜群で、行基は全国から大量の資材と大量の労力を調達することに成功し、その感謝の気持ちから聖武天皇は行基に日本最初の仏教界最高位の「大僧正」の称号を授与しました。地上からの全長一八メートル、重量二五〇トンの盧舎那仏は七年の年月と延二六〇万人以上の労力をかけて七五二年に完成しました

四月九日、かつて行基が出迎えたインドの僧侶菩提僊那を導師として盛大な開眼供養が執行されましたが、すでに退位しておられた聖武天皇は聖武上皇として参列し、女帝である孝謙天皇を筆頭に朝廷の高官や僧侶など約一万人が参列する盛大な式典でした。残念ながら三年前の七四九年に八一歳で入滅していた行基は参列できませんでした。しかし、その功績は聖武天皇、菩提僊那、東大寺を開山した良辨《ろうべん》とともに東大寺の四聖として顕彰されています。

＊参考資料　尾田栄章『行基と長屋王の時代』現代企画室 2017

生涯に一〇万体以上の仏像を彫刻した

円空

（一六三二―一六九五）

素朴な仏像に驚愕の値段

二〇一六年九月二〇日に放送されたテレビ東京の名物番組「開運！なんでも鑑定団」の舞台に大小様々の六〇体の木彫の仏像が設置され、鑑定されることになりました。鑑定を依頼した男性の期待した値段は一五〇〇万円であり、会場は騒然となりました。騒然となった理由は、素人が制作したような塗装もされていない荒削りな仏像だったからです。この仏像の作者は円空という名前の江戸時代前期の僧侶です。

現在ではインターネット・オークションに多数の偽物が出品されているほど円空の仏像は人気がありますが、これは最近のことです。二〇一三年に東京国立博物館で大規模な展覧会が開催されましたが、一般の人々に円空が紹介されたのは一九五〇年代以後で、五七年一〇月に岐阜県立図書館で開催された「円空上人彫刻展」が全国で最初

円空の仏像

の本格的展覧会とされています。この催事が岐阜で開催されたように、円空は岐阜に関係のある人物です。

生涯に一二万体を彫刻

江戸時代後期の歌人の伴蒿蹊《ばんこうけい》が一七九〇年に出版した『近世畸人伝』には、江戸初期の陽明学者である中江藤樹や本草学者である貝原益軒など著名な人物九〇余名とともに「僧円空」として簡単な伝記が紹介されており、江戸時代には、それなりに周知の人物でした。それ以外に名古屋市にある荒子観音寺の住職が江戸末期に寺院の由来を記録した四巻の『浄海雑記』に円空の記事がありますが、ほとんど記録のない人物です。

このように文字の記録は極端にわずかですが、円空が彫刻したとされる仏像が愛知県内に約三〇〇〇体、岐阜県内に約一〇〇〇体、蝦夷から東北、東海、関西までの各地に約一三〇〇体など、合計すると現在までに約五三〇〇体が確認されており、それらの分布などから、生涯に一二万体以上の仏像を彫刻したと推定されています。円空は六四歳で逝去しており、一歳から彫刻を開始したとしても年間約一八〇〇体、一日約五体ということになります。

実際には三〇歳過ぎから制作を開始したと推定されていますから、年間約三六〇〇体、毎日制作したとしても一日に一〇体になり、誇張されている印象ですが、五九歳になった一六九〇年に岐阜県高山市で制作した仏像の背面に「十マ仏作已（一〇万体の仏像を制作）」と刻字されていることや、名古屋市にある荒子観音寺には円空の仏像が一〇〇〇体以上も保存されていますから、まったくの誇張でもなさそうです。

長良川中流域に誕生

この円空は『近世畸人伝』の記述から推定すると、一六三二（寛永九）年に美濃国竹が鼻（岐阜県羽島市竹鼻町）に誕生したという見解が有力ですが、それ以外にも美濃国安八郡や美濃国中島郡など長良川沿いや美濃国郡上《ぐじょう》郡という記録も存在します。しかし岐阜県下呂市の薬師堂の木札に生誕場所が竹が鼻と記載され、岐阜県高山市の千光寺に保存されている「円空上人画像」にも同様の記載があるので、竹が鼻が有力とされています。

　このように出生も明確ではありませんが、それ以後の生涯も詳細は不明です。しかし、円空の木彫の仏像は木材の性質を的確に見抜いた彫刻であることから、木材に関係する仕事を生業とする家柄に誕生したのではないかと推察され、そこから長良川流域の地名が生誕の場所として浮上してきます。長良川は岐阜県郡上市にある大日ヶ岳を源流とし、急峻な山地を急流として下降し、岐阜県羽島市の一帯で濃尾平野に流出し、大河になります。

　円空が誕生した時期に、郡上藩主が木材を財源にしようと材木を河川で輸送する仕組みを整備します。上流では木材を一本ずつ流送する管流し、中流以後は川幅や流速に対応した規模の筏流し、濃尾平野からは二人の筏乗りが操作する大型の編成で河口の尾張まで輸送していました。円空の生誕場所の候補である上流の美濃国郡上郡も中流の美濃国竹が鼻も木材の生産や流通に関係する場所でしたから、生家が木材関係という推測は妥当です。

　それと同時に美濃国竹が鼻は木曽川、長良川、揖斐《いび》川の木曽三川が網目のように複雑に交差する位置にあり、氾濫の常襲地帯でした。円空が生活していた時代の約一〇〇年後の一七五四年から翌年にかけて、幕府の命令で薩摩藩が木曽三川を改修する宝暦治水が実施されますが、それでも完全に制御することはできませんでした。そして不幸なことに、円空が七歳になった一六三八年に発生した長良川大洪水により母親が死亡してしまいます。

円空の少年時代には諸説がありますが、前述の『近世畸人伝』には、すでに幼少の時期に出家して、ある寺院に在籍し、二三歳のときに出遁したと記載されています。この行動には母親の不幸が影響しているのかもしれません。異説では、誕生した土地の寺院に出入りして雑役をしながら修行し、付近の伊吹山中や加賀白山などで山岳修行をして、三二歳になった一六六三年に土地の寺院で得度したとされています。

その時期に白山権現が夢枕に登場し、美濃の池尻弥勒寺を再建するように指示され、それを達成してから、飛騨の千光寺に滞在します。千光寺は標高九四六メートルの袈裟山の山頂付近にあり、八一〇年に嵯峨天皇の皇子である高丘親王が建立し、盛期には一九の僧坊、二〇の末寺、約三〇〇〇人の僧侶や僧兵のいる寺院でしたが、武田信玄の攻撃によって没落したという歴史があります。ここには円空による六〇体余の仏像が存在しています。

蝦夷の渡島《おしま》半島に足跡

山岳修行を終了した一六六五年、三四歳になった円空は全国を遊行する長旅に出発し、最初に秋田に到着して日本海沿いを北上し、各地で仏像を彫刻しながら津軽に到着します。ところが、当時の移動には必須の入国鑑札も保持せず、粗末な服装で彫刻道具のみ携行していた円空は役人に信用されず津軽からの退去を命令されてしまいます。そこで仕方なく青森に移動し、眼前の津軽海峡を横断して蝦夷へ入国することを希望します。

当時の蝦夷への入国は大変に厳重で、各藩発行の証書と蝦夷での身元引受の人間が必要でした。それらのない円空がどのようにして蝦夷へ渡航できたかは不明ですが、一六六六年四月から五月にかけて渡航しています。そして実際に円空が蝦夷に滞在していた証拠があります。当時の蝦夷南部は松前藩支配下でしたが、筆頭家老の蠣崎蔵人《かきざきくろうど》が管理していた十勝地方の戸賀知明神社（十勝神社）に円空の作品とされる仏像が奉納されているのです。

これは現地で制作したものではなく、蠣崎蔵人の依頼により松前で制作した仏像が輸送されたものですが、円空は六月から七月にかけて渡島半島の各地を遊行しながら仏像を制作し、最後は洞爺湖上の洞爺湖観音島にある善光寺奥之院に参籠して仏像を制作しています。この仏像については、約一二〇年後に東北から蝦夷を旅行した菅江真澄が『蝦夷之手布利《てぶり》』に記録していますし、それ以外の仏像についても『えみしのさへぎ』に詳述しています。

このように蝦夷南部には円空による多数の仏像が存在していましたが、明治初期の廃仏毀釈運動によって多数が破棄され、さらに一九二二年には渡島半島の太田権現の岩窟内部に設置されていた多数の仏像が火災で全焼するなどの事故があり、現在、北海道内には約五〇体が残存しているのみです。円空の仏像は斧や鉈で荒削りされた表現が特徴とされますが、この時期には鑿《のみ》を使用した精緻な仕上げになっています。

東海地方中心に仏像を制作

それ以後に円空の名前が登場するのは、徳川家康の九男で尾張名古屋藩の初代藩主となる徳川義直の御用医師で、明国から帰化した張振甫《ちょうしんぽ》が一六六九年に名古屋市千種区内に建立した鉈薬師堂もしくは医王堂といわれる寺院の堂内に安置されている十二神将、日光菩薩、月光菩薩の木像を円空が制作したことです。鉈一本で制作したことが寺院の名前になっています。これによれば蝦夷を訪問してから三年して郷里に帰還していたことになります。

それから二年が経過した一六七一年には生誕の土地とされる岐阜県羽島市に観音堂を建立して母親の三十三回忌の供養をしています。以後、四八歳になる一六七九年までは、岐阜県郡上市の黒地神明社、名古屋市中村区の荒子観音堂、郡上市美並町の熊野神社のために仏像を制作するなど東海地方を中心に活躍していますが、特筆すべきは一六七四年に三重県志摩市の片田三蔵寺の「大般若経」の修復をするという多彩な活動をしていることです。

一六八〇年からは関東地方に遊行に出発し、茨城県笠間市の月崇寺には御木地土地大明神像（八〇）、栃木県日光市の円観坊には十一面千手観音像（八二）、さらに東海地方に回帰し、長野県南木曽町の等覚寺には弁財天像（八六）、滋賀県米原市の大平寺には十一面観音像（八九）、岐阜県関市の高賀神社には十一面観音像（九二）など次々と仏像を制作していきます。そして六四歳になった一六九五年に生誕の土地である長良川畔で逝去しました。

仏像から精神を見通す

円空の木彫の仏像は鉈一本で制作した一刀彫で、一気に仕上げた荒技のように理解されていますが、最初は鉈で荒削りするにしても、多数の彫刻刀を駆使して仕上げており、偶然の形態ではなく、緻密に計算された作品です。円空仏研究者の土屋常義は『円空の彫刻』（一九六〇）で、飛鳥時代の仏像の影響があるものの、既存の形式を打破し、独自の世界を提示し、近代美術の歴史において現代の感覚に直結する造形であると絶賛しています。

戦後、円空の仏像は芸術作品として評価され、売買さえされていますが、戦前から民衆の生活用品を評価する民芸運動を主導していた柳宗悦は円空の仏像を芸術として鑑賞するだけでは十分ではなく、円空の宗教体験を背景にしていることを理解する必要があると主張しています。円空の人生は不明な部分が大半ですが、宗悦の言葉のように、数千という単位で全国に存在している仏像から、背後にある円空の思想を感知することが重要です。

地理的大発見時代の英雄

ジェームズ・クック

（一七二八－一七七九）

未知の南方大陸を目指す

一四世紀末期に登場したポルトガルのアヴィス王朝の初代国王ジョアン一世の三男エンリケは世界へ雄飛するための技術開発と人材育成を推進した航海王子として有名です。その支援により一五世紀中頃からポルトガルの船乗りはアフリカ大陸西岸を南下して一四八八年に南端に到達、さらに九八年には南端を周回してインドに到達することに成功します。以後、スペインやイギリスが追随し、西欧世界は発見の時代に突入しました。

一四九二年のC・コロンブスによる北米大陸近傍への到達、P・カブラルによる南米大陸への到達、さらに一五二二年に世界一周を達成したマゼラン艦隊の偉業により、次第に地球の全容が判明してきました。ところが一六世紀までの地理情報を総合すると、北半球の表面は陸地が四割で海洋が六割であるのに、南半球は二割と八割であり、当時の知識では均衡が維持できないため、南半球に未知の大陸があるという見解が登場したのです。

一七世紀以後、この未知の南方大陸（テラ・アウストラリス・インコグニタ）を発見するため、当時の先進国家が競争で探検を開始しました。スペインのL・V・トーレスは一六〇六年にニューギニアとオーストッリアの中間の海峡を通過し、オランダのA・J・タスマンは一六四二年にタスマニアに到達しています。しかし、未知の南方大陸を目指して三度も太平洋を探検したのはイギリスのジェームズ・クックでした。

地図作成能力を発揮

クックは一七二八年にイングランド北部のノース・ヨークシャーに誕生しました。父親が農場に雇用されていたので、クックも数年は農場で仕事をしていましたが、一六歳になって付近の港町ウイットピーの商店の店員に転職しました。しかし商売には適性がなく、二年が経過してから石炭輸送を専門とする帆船の船主の会社に見習い船乗りとして雇用され、国内だけではなくアイルランドやノルウェーまで航海して経験を蓄積していきました。

船員としては適性があり、時間があるときに航海に必要な基礎学問を勉強し、将来への準備をしていました。三年の徒弟奉公の期限が終了してからは外国の帆船で仕事をし、有能であったため船長になることを要請されますが、二七歳になった一七五五年にイギリス海軍に上級水兵として志願入隊しました。ヨーロッパ各国が二手に分裂して戦争する七年戦争の気配があり、それに参加して出世を目指したのではないかと推測されています。

翌年の七年戦争の開戦とともにクックはイギリスの軍艦ソールベイの航海長となり、カナダのセントローレンス河口の海図作成を担当し、奇襲攻撃の成功にも貢献します。さらに一七六三年から六七年までの五年をかけてカナダの大西洋側にあるニューファウンドランド海域を測量して正確な地図を作成してイギリス海軍本部とイギリス王立協会に評価されます。この功績により、国家の重要な仕事に派遣されることになりました。

第一回航海（一七六八―七一）

当時、南太平洋で大陸や島嶼を発見することは領土の拡大に直結するため各国が競争で目指していました。そこでイギリス王立協会は南太平洋で金星が太陽の前面を通過する現象の観測という名目でクックの指揮する帆船エンデヴァを世界一周航海に派遣することにしますが、本当の目的は未知の南方大陸を他国に先駆けて発見して領土と資源を確保することでした。そのためクックを指揮権限のある海尉に昇格させ海軍士官にします。

一七六八年八月二五日にイギリス南部の港湾プリマスを出航したエンデヴァは南米大陸南端のケープ・ホーンを周回して太平洋上を北上し、翌年四月一三日に前年、西洋の人間が発見していたタヒチに到着しました。金星が太陽前面を通過する六月三日まで周到な準備をして観測しましたが、期待したような成果はありませんでした。しかし、観測が終了したので秘密指令を開封すると、南太平洋で未知の南方大陸を発見せよという内容でした。

同乗したタヒチのトウバイアの助力により、一〇月六日にヨーロッパの人間としては二番（一番は一二七年前のタスマン）でニュージーランドに到達し、正確な地図を作成するとともに北島と南島の中間のクック海峡を発見します。さらにオーストラリア南部にあるタスマニアを目指しますが、風雨の影響で、それより大幅に北側のオーストラリア大陸の東側の海岸に到着し、先住民族以外の人間としてオーストラリアに最初に上陸しました。

クックはさらに岸沿いに北上しますが、グレートバリアリーフの浅瀬で座礁して帆船が破損してしまい、五〇日近くをかけて修理します。以後、すでに一六〇六年に発見されていたオーストラリアとニューギニアを隔離しているトーレス海峡を通過してからオーストラリア東岸をイギリスの領土と宣言し、バタヴィア（ジャカルタ）に寄港して帆船の修理をして出港から約二年一〇ヶ月後にイギリスのダウンズに帰投しました。

第二回航海（一七七二―七五）

最初の航海でニュージーランドとオーストラリアは期待されていた未知の南方大陸ではないことが明確になりましたが、イギリス王立協会はさらに南方に大陸が存在すると期待し、再度、クックを船長にした探検航海を企画します。海軍は二隻の新造帆船を購入し、一隻は海尉艦長に昇格したクックが指揮する帆船レゾリューション、もう一隻は海軍将校T・フルノーの指揮する帆船アドベンチャーの体制で一七七二年一月に出発しました。

今回は東回り航路を選択し、アフリカ大陸南端から東進してオーストラリアの南側、ニュージーランドのクック海峡を通過して南太平洋を二回周回し、トンガ、イースター、バヌアツなどの島々に寄港しますが、結局、南方大陸は発見できませんでした。そこでアドベンチャーは帰還しますが、クックの指揮するレゾリューションはさらに南下し、南緯七一度一〇分まで到達し、南極大陸に約一二〇キロメートルまで接近していたことになります。

クックは東進して南米大陸の南端を周回、南大西洋でサウス・ジョージア島とサウス・サンドウィッチ島を発見して一七七五年に帰還しますが、目的の南方大陸は発見できず、社会の期待は沈静しました。この帆船時代に経度が正確に測定できたのはイギリス政府が正確な経度測定装置に多額の賞金の懸賞を実施した効果です。イギリスの時計職人J・ハリソンが一七三五年に考案したクロノメーターが賞金を獲得し、クックも携帯していきました。

運命の第三回航海（一七七六―八〇）

当時、ヨーロッパ諸国は北米大陸の北側を通過して大西洋側から太平洋側へ到達する北西航路に関心があり、一七四五年にイギリス政府は北西航路の発見に賞金を提供する法案を成立させました。この賞金獲得を目指し、イギリス海軍は探検を企画します。当初はC・クラークが指揮し、クックは本国で支援する構想でしたが、探検に意欲があるクックがレゾリューションを指揮し、クラークが僚船ディスカバリーの船長となりました。

先行して一七七六年七月に出航したレゾリューションはアフリカ大陸の南端を通過して東進し、ニュージーランドのクック海峡を通過して南太平洋から北太平洋を北上します。ハワイ諸島を通過してから東進して北米大陸の太平洋岸を探査して精密な地図を作成しながら北上します。しかし、一七二八年にロシア人探検家V・J・ベーリングが発見したユーラシア大陸と北米大陸の境界にあるベーリング海峡は通行できませんでした。そこでクックは南下して一七七九年二月にハワイ諸島に退却し、ハワイ島のケアラケクラ湾内に滞在します。約一ヶ月滞在してから出発しますが、しばらくして帆船が破損してしまいます。そこで修理のため出戻りますが、ここで事件が発生しました。クックの乗船する帆船に搭載してあったカッターボートの盗難事件が発生したのです。そこで島民と返還交渉を開始しますが、精神的不安定な状態にあったクックは強硬な態度で交渉をしました。

クックの最後（1779.2.24）

そのとき村人が殺害されたという間違った情報が流布したため、クックを先頭とする上陸した人々を村人が攻撃しはじめました。小舟で避難しようとしたクックは背後から頭部を殴打され、浜辺に転倒したところを刺殺されてしまいました。遺体は現地の風習で解体され焼却されていましたが、隊員の交渉によって一部が返却され、正式に水葬されました。数多くの偉大な発見を達成した地理的大発見時代の英雄の最期でした。

壊血病を解決したクック

クックが発見を目指した未知の南方大陸は約六〇年が経過した一八二〇年一月にロシア帝国

海軍士官のF・G・フォン・ベリングスハウゼンとM・ラザレフが発見し、翌年二月にはアメリカのアザラシ猟師J・デイヴィスが上陸したとされています。クックは本来の目的は達成できなかったものの、先進諸国の視点からは未知の領域であった南太平洋を三度も探検し、数多くの地理的大発見を達成した一八世紀の偉大な船乗りでした。

さらなる貢献は一八世紀までの船乗りにとって脅威であった壊血病に効果のある食品を発明したことです。歯茎などからの出血が停止しなくなる壊血病は現在ではビタミンCの不足であることが判明していますが、一五世紀から一八世紀の船乗りには恐怖の病気で、この期間に約二〇〇万人の船乗りが死亡していたと推定されていますし、マゼランの世界一周航海では乗員の半分以上が壊血病で死亡したと推定されています。

しかし、クックは経験から、キャベツの酢漬けや塩漬け（ザワークラウト）に壊血病の予防効果があるという知識がありました。そこで長期航海の帆船に大量のザワークラウトを搭載し、船員の食料にしていたため、最初の世界一周航海では壊血病で死亡した船員がゼロという、当時としては奇跡のような結果でした。クックが未踏の海洋に大胆に挑戦し、業績を蓄積できたのは胆力だけではない、冷静な知識の蓄積があったからです。

港湾技術の先駆

工楽松右衛門

（一七四三—一八一二）

天下の台所の実現

江戸時代の政治の中心は江戸でしたが、経済の中心は大坂でした。それを象徴するのが「天下の台所」という言葉です。江戸時代には大判や小判などの貨幣も鋳造されていましたが、経済の基本は貨幣ではなくコメでした。その証拠に各藩の経済規模は何十万石というコメの生産規模で表現され、武士の俸禄もコメで支給されていました。

大坂には全国からコメだけではなく様々な産品が輸送されてきましたが、それに貢献したのは江戸時代初期に活躍した河村瑞軒《ずいけん》という土木技師かつ大物政商でした。東北地方はコメの一大産地でしたが、それは最上川の舟運を利用して日本海側で最大の港湾のある酒田に集積され、そこから海上を南下して大坂まで輸送されてきました。

しかし当初の海上輸送は福井の敦賀や小浜までで、そこで荷物を陸揚げし、山道を琵琶湖畔の海津《かいづ》や今津まで運搬、湖上を大津まで輸送して京都や大坂に配送していました。これは荷物の積替が三度も必要な面倒な方法であり、時間もかかりました。そこで瑞軒が山形の酒田から日本海側を南下、関門海峡、瀬戸内海を通過して、大坂に到達する西廻航路を開拓しました。一六七二（寛文一二）年のことです。

さらに瑞賢は一六八八（元禄元）年に大坂の淀川の中洲を改修して堂島新地を造成した結果、そこに全国の各藩がコメの倉庫を建造したため、年間一〇〇万石とも一五〇万石ともいわれるコメが集積し、世界最初の商品先物取引まで実施されていました。やがてコメ以外の農業産品、鉄製農具、繊維製品など全国各地の産品も大坂に集積するようになり、「天下の台所」が登場したのです。

瑞賢はさらに酒田から北上して津軽海峡を通過して太平洋岸を南下、房総半島の沖合を通過して伊豆半島南端の下田に到達し、そこから江戸を目指す東廻航路も開発しましたが、その航海に使用されたのが「弁才船」といわれる大型木造帆船でした。当初は二五〇石（四〇トン）の荷物を積載する規模でしたが、次第に大型になり一〇〇〇石（一五〇トン）積載できる「千石船」が主流になってきました。

この千石船は全長が概略三〇メートル、全幅八メートル、帆柱が二七メートル、積載貨物は一五〇トンという規模で、動力は風力ですから帆布は縦二〇メートル、横一八メートルという巨大なものでした。現在のヨットで使用される軽量で丈夫な合成繊維は存在しない時代ですから、素材は綿布でしたが、塩水と潮風には耐性が十分ではありませんでした。そこに登場したのが今回紹介する工楽松右衛門《くらくまつえもん》です。

千石船用の丈夫な帆布を開発

兵庫県高砂市は加古川の河口を港湾として発展した都市ですが、その河口付近に四世紀に実在したとされる神功《じんぐう》皇后の時代に創建されたという由緒のある高砂神社があります。結婚式の祝言に登場する「高砂や　この浦　舟に帆をあげて」の謡曲『高砂』の舞台です。その境内に一体の立派な銅像があります。これが工楽松右衛門です。ここは江戸時代の西廻《にしまわり》航路の帆船が寄港した港湾でした。

松右衛門は一七四三（寛保三）年に高砂の漁師の家庭に長男として誕生し、子供の時代から漁撈《ぎょろう》に従事しますが、それに満足せず、一五歳のとき、やはり西廻航路の港湾である東隣の兵庫（神戸市兵庫区）の船主のもとで船乗りとなり、帆船の操縦から船荷の積載まで習得、蝦夷（北海道）までの航海にも乗船しています。その蝦夷の鮭の内臓を除去し塩漬けにした「新巻鮭」は松右衛門の工夫ともされています。

この兵庫の廻船問屋の北風荘右衛門の支援により、松右衛門は自分の帆船を所有する舟持ち船頭として独立します。廻船問屋は現在の海運会社ですが、荷主から預託された荷物を運送するだけではなく、自分で仕入れた商品を販売する仕事もしており、有名な紀伊国屋文左衛門が豊作で安値になった紀州のミカンを江戸まで運搬して大儲けしたという伝説のように、成功すれば膨大な利益のある商売でした。

木造の弁財船の巨大な帆布は初期には稲藁を材料とする莚《むしろ》でしたが、長持ちしないので綿布が使用されるようになります。しかし、強風に対抗できる厚手の綿布を製作する技術がなかったため、二枚の綿布を縫製して一枚にする刺帆といわれる布地を使用していました。しかし潮風のため、これも長持ちしないだけではなく、強風のときには破損して、遭難の原因にもなる厄介な問題でした。

そこで松右衛門が才能を発揮し、郷里の播州（兵庫県南部）の特産である木綿を材料とした極太の綿糸を使用した帆布を発明し、自分の帆船で使用しました。四三歳になった一七八五（天明五）年のことです。この「松右衛門帆」は丈夫である上に長持ちするので一気に普及し、明治初期まで帆船に使用されるようになりますが、製法を秘密にしたり独占することもなく、むしろ熱心に普及していました。

択捉《えとろふ》に港湾建設を実行

一八世紀前半からロシアの船舶が南下しはじめ、一七一一年には国後《くなしり》に上陸、三九年には艦隊が房総半島沖合まで接近、六四年にはシベリアのイルクーツクに日本航海学校を開校、七八年にはロシアの女帝エカチェリーナ二世の勅書を携帯した船舶が蝦夷に来訪して通商を要求など、次々と切迫した事態が発生し、ロシアという強国が隣接して存在することを実感するようになります。

そこで幕府は一七八五（天明五）年に幕府の役人であった最上徳内などを派遣して千島や樺太を調査させ、さらに翌年、徳内が単身で国後を調査した結果、北方の防備を準備する必要を確認し、択捉に拠点となる港湾を整備することにします。そこで、以前から松右衛門が蝦夷と交易をしていたことから、幕府が松右衛門を指名して港湾の建設工事を担当させることになりました。

一七九〇（寛政二）年五月に自身が所有する「八幡丸」で幕府の吏員二〇名や工事人夫とともに択捉の海岸を調査し、ほぼ中央のオホーツク海側の散布《ちりっぷ》山麓にある集落の紗《しゃ》那《な》の近郊の有萌湾《ありもい》を適地として選定しました。海底の巨石の除去などの基礎工事を開始しますが、一〇月になって寒気の到来とともに中断して兵庫に帰航し、以後、何度も現地と往復して五年後の九五年に完成させます。

幕府からは金三〇両が支払われました。当時の千石船一隻の建造に必要な費用が一五〇〇両から二〇〇〇両でしたから、極寒の土地での危険な長期の作業にはまったく見合わない金額でしたが、北方からの脅威が切迫している国家を防衛するために必要な仕事として甘受していました。しかし、幕府は功績を評価し、一八〇二（享和二）年に「工楽」という姓を贈与し、感謝の気持ちを表明しています。

淡路出身の高田屋嘉兵衛が択捉航路を開発するのは五年後の一七九九（寛政一一）年のことですが、その拠点としたのが箱館です。一八〇四（文化元）年に松右衛門は箱館を造船の拠点とし、郷里から輸送した耐火性能のある石材で船底を防虫加工するための船蓼場《ふなたでば》を自費で建造しますが、同郷ということで二六歳も年下の嘉兵衛を応援し、この設備のある港湾の地所を譲渡しています。

最後の大型工事を監督

当時は五〇歳くらいで隠居するのが一般でしたから、北方から郷里に帰還したとき、すでに六五歳になっていた松右衛門は大成功者として隠居するのに十分な年齢でしたが、社会は自由にしてくれませんでした。加古川の河口にある高砂の港湾は大量の土砂の堆積で浚渫《しゅんせつ》が必要であるうえ、平地であるため風浪の影響も強烈でした。そこで松右衛門に改良工事を依頼することになります。

一八一〇（文化七）年、すでに六七歳でしたが、故郷のため普請棟梁となった松右衛門は択捉や箱館の経験を背景に、まず港内の浚渫をして船舶を通行しやすくし、東側には防風の役割をする土堤と石堤を構築、入口となる南側には沖合に波浪を防止するための一文字堤を建設し、千石船が安全に停泊できる港湾に改造しました。これで故郷への恩返しも完了したのですが、さらなる依頼が到来しました。

やはり西廻航路の重要な港湾である備後の鞆《とも》の浦港の堤防の修復と延伸を依頼されたのです。すでに老齢かつ病弱でもあったため固辞しますが、福山藩主から連絡された姫路藩主から直接の依頼のため拒否できませんでした。そこで自身で現地に出向き、測量

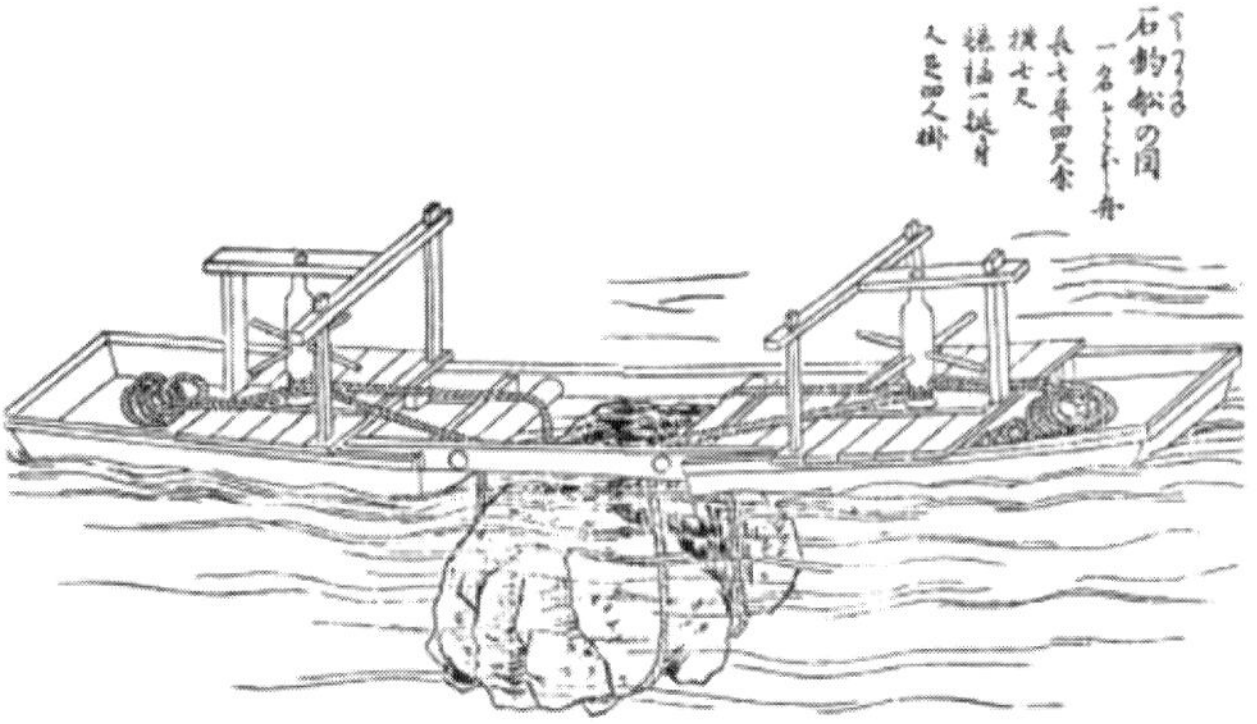

石釣船（『農具便利論』）

を実施し、築堤の計画を立案します。そのために巨石を周囲の地域から調達しますが、その運搬や工事のために様々な工夫もしています。

一例として二メートル四方で重量が数トンにもなる巨石を海上で運搬するために、中央に隙間のある平船の隙間から巨石を海中に牽引して浮力を利用して運搬する「石釣船《いしつりせん》」、梃子《てこ》の原理を利用して海中に杭打ちをする「杭打船」、海底の土砂を底曳きで採取する「底捲船」など、動力こそ人力ですが、梃子や轆轤《ろくろ》の原理を応用した装置を考案し、短期で困難な工事を完成させています。

生涯の信条は社会に役立つこと

病弱になり隠居を予定していた時期に鞆の浦港

の改修を完成させた直後の一八一二（文化九）年、松右衛門は七〇歳で死去しました。墓所は高砂市内の十輪寺にありますが、冒頭に紹介したように、高砂神社に銅像が存在します。明治天皇が神戸巡行のとき、松右衛門の功績に言及されたことを契機に一九一五年に建立されましたが、太平洋戦争中に供出され消滅したため、戦後に再建されたものです。

松右衛門の最初の発明は前半で紹介した丈夫な帆布の製造ですが、それ以外にも帆柱に使用する秋田の大木を何本も組合わせて筏《いかだ》にし、中心に帆柱を立てて大坂まで海上輸送したこと、船酔いが苦手な小倉藩主小笠原候が対馬まで航海するとき、船室を空中に釣下げて船酔いしないようにしたことなど、数多くの発明をした人物で、単純に廻船業者として成功したという人物ではありませんでした。

その秘密は江戸末期の農学分野の学者である大蔵永常の書物『農具便利論』（一八二二）に、松右衛門が発明した数多くの装置の紹介とともに記録されている松右衛門の言葉に要約されています。「人間として社会に役立つことをせず、一生を漠然と生活するのは禽獣以下であり、利益を獲得するためには発明をするべきである」。その言葉を見事に遂行した七〇年の人生でした。

世界に先駆けて大空を目指した

浮田幸吉（一七五七－一八四七）

二宮忠八（一八六六－一九三六）

二宮忠八

飛翔に挑戦した人々

地面を徒歩で移動するしか能力のなかった人間は空中を自由に飛翔する鳥類を観察して飛翔能力を手中にしたいと願望してきました。それを象徴するギリシャ神話がダイダロスとイカロスの物語です。天才技師であったダイダロスは息子イカロスの飛翔したいという願望の実現のため、人工の羽根をイカロスの両肩に接着しますが、空高く上昇したため太陽の高熱で接着が脆弱になって羽根が落下し、墜落して死亡するという物語です。

それ以後、飛行機械を検討したのはL・ダ・ヴィンチで、一六世紀初頭に鳥類の飛翔を分析した『鳥の飛翔についての手稿』を発表しています。実際に実験をしたのは一九世紀のドイツのO・リリエンタールで、鳥類の羽根を真似た装置により、自分で二〇〇〇回以上も実験しましたが、一八九六年に一五メートルの高度から墜落して死亡しました。これはグライダーですが、動力を装備した飛行機械の出現は二〇世紀になります。

一九〇三年一二月一七日、アメリカのW・ライトとO・ライトの兄弟が一二馬力のエンジンを搭載した二七四キログラムの機体「ライトフライヤー」を五九秒で約二六〇メートル飛行させたというのが世界最初の飛行とされています。ところが日本でリリエンタールの最初の飛行より一一一年前にグライダーを飛行させ、ライト兄弟より一一二年前に模型飛行機を飛行させた日本人がいました。その二人を今回は紹介します。

グライダーを実現した職人

江戸時代中期の備前国児島郡（岡山県玉野市）八浜という港町に浮田《うきた》幸吉という職人がいました。稼業は旅館でしたが幸吉が七歳のとき父親が死亡し、親戚の傘屋で仕事をしますが、一五歳になったとき、実弟の弥作が生活している岡山城下に移動します。時間のあるときに寺院の境内にいるハトの行動を観察し、その羽根を拡大した約二メートルの人工の羽根を製作し、それを両腕に取付けて屋根から飛び降り、二〇メートルほどの滑空に成功します。

この程度では満足しない幸吉は二九歳になった一七八五年夏に大空を滑空するトビの羽根を真似した大型の羽根を製作して両腕に取付け、城下の旭川の京橋の欄干から河原に飛翔します。これにより「鳥人幸吉」として有名になりますが、騒動の原因となった

浮田幸吉（1757-1847）の顕彰碑

として入牢の処分になります。しかし、備前藩主池田治政が興味をもったため、所払いに減刑されて駿府（静岡）に移住し、郷里の木綿の売買で成功し、有名な商店を経営するようになります。

商売は順調でしたが大空を飛翔する欲求は増大し、岡山城下での飛行から二〇年後、飛行機凧で駿府の天守の上空を飛行してしまいました。今度は他藩の間者の疑義もあり、長期に入牢することになりますが、やがて所払いとなり、駿府から西方の見附に移転して一八四七年に九〇歳で死亡しています。西欧ではイギリスのG・ケリーが一八四九年頃にグライダーを飛行させたと記録されていますので、それより六〇年以上前の快挙になります。

ゴム動力の飛行機械を開発

動力を使用する飛行機械の発明でも世界に先駆けた偉人が日本にいます。明治になる直前の一八六六年に現在の愛媛県八幡浜市に海産物商の家庭の四男として誕生した二宮忠八は家業を手伝いますが、物理、化学、薬学などに関心があり、測量助手として勤務しながら凧作りに熱中します。二〇歳になった一八八七年に丸亀歩兵第十二連隊第一大隊に入隊しますが、その訓練の途中での経験が忠八に飛行機械への興味をもたせました。

一八八九年の連隊の秋期機動演習の帰路、忠八は昼食の残飯を目当てに飛来した数十羽のカラスの滑空する様子を漠然と観察していました。凧作りの経験から空気の抵抗を巧妙に利用しながら目的の場所に着地するのだと理解し、それ以後、時間を工面しては様々な飛翔する動物の様子を観察します。そして得意の物理の知識を駆使し、一個の物体に二種の応力が作用すると、物体は平行四辺形の対角線上を進行するという原理に到達します。

さらに甲虫や玉虫を観察すると、鳥類のように羽根を上下に作動させずに飛翔していることに気付き、より詳細に観察すると上部の硬い羽根の下側に柔らかい羽根があり、下側の羽根の上下で推進し、上側の羽根が浮力を発生させていることを発見します。そこで全長三五センチメートル、翼幅四五センチメートルの機体に、四枚羽根のプロペラを背後に設置した「カラス型飛行器」を作成し、動力は聴診器のゴム管を細長く切断して利用しました。

そして一八九一年四月二九日の夕方に丸亀練兵場内で試験飛行をします。カラス型飛行器を地面に設置し、ゴムひもを巻いてから手放すと、機体は地上をしばらく滑走してから離陸して上昇、一〇メートル先方の草叢に着地しました。日本最初の動力飛行機が飛翔した瞬間でした。翌日も一人で試験をし、今度は手持ちで手放したところ、地上六メートルまで上昇し、三六メートルの遠方に着地しました。ライト兄弟の最初の飛行より一二年前のことです。

この成功に自信をもった忠八は人間の搭乗できる装置の開発に着手しますが、課題はプロペラを回転させる動力でした。模型に使用したゴムひもでは無理であることは明確でしたが、なかなか適切な仕掛けが工夫できませんでした。そこで動力の問題は後回しにし、一八九三年に両翼の長さが約二メートルある装置を製作し何度も試験を繰返し、玉虫型飛行器と名付けました。リリエンタールが同様の装置の特許を取得する前年のことです。

除隊して開発に専念

ところが一八九四年に日清戦争が勃発し、忠八も兵士として出征したため開発は一旦中断します。しかし、戦地での偵察や通信の手段が人馬しかない現実に直面し、動力飛行機の必要を痛感します。そこでこれまでの自身の開発の経緯を書類にし、自作の装置の図面も添付して、戦地の大島義昌旅団長に玉虫型飛行器を試作したが、動力の問題が解決できない。自分には資力がないので陸軍で専門の技師を動員して完成してほしいと上申しました。

書類は旅団参謀の長岡外史《がいし》に手渡されます。しかし折角の申請であるが、飛行するかどうか明確ではない技術を軍部として採用することはできないと、受領されませんでした。それ以後も忠八は何度も陸軍に上申しますが、受領されることはなく、周囲からは変人のように見做されるようになります。そこで忠八は軍隊において低位である自分の地位が障害になっていると判断して除隊するとともに、自己資金で開発すべく薬業の世界に進出します。

何事にも才能と熱意のある忠八は薬業の分野でも実力を発揮し、一八九七年に創業したばかりの大日本製薬株式会社（現在の大日本住友製薬株式会社）の役員に就任し、実質の経営者として能力を発揮します。資金の目処もついたので、再度、飛行機の製作に復帰する決断をし、京都府八幡町に住居を移転、一二馬力のオートバイのエンジンを動力とすることにして、その重量を想定した機体やプロペラを設計し、主翼や胴体の製作を開始します。

ところが一九〇三年の日本の新聞に、ライト兄弟が自作の飛行機で飛行をしたという記事が掲載されました。一二馬力のオートバイのエンジンを搭載した機体で初回は一二秒間、距離は三六メートルであるが、四回目には五九秒間で二五八メートルを飛翔したという内容でした。オートバイのエンジンを使用することも機体の規模もほぼ同一であり、唖然とした忠八は男泣きするとともに製作途中の機体をハンマーで破壊しました。

失意の忠八は航空機の開発を断念するとともに製薬会社の役員も辞任しますが、初期の飛行機の実験などで殉職していく後輩の慰霊のため、一九一五年に自宅付近の石清水八幡宮に隣接する土地に私財を投入して飛行神社を創設しました。天磐船《あめのいわふね》によって天空から降臨した饒速日命《にぎはやひのみこと》が祭神の中心ですが、航空機殉難者と航空業功績者も祭神となっています。さらに自身も神主の資格を取得して、航空関係の人々の慰霊に献身しました。

謝罪に来訪した長岡外史

物語はここで終了しませんでした。一九一九年になり、懇意にしていた白川義則陸軍中将に日清戦争の最中に長岡外史参謀に却下された上申の書類を紹介する機会がありました。白川中将が書類を陸軍航空本部に手渡したところ、軍部で内容が検討された結果、忠八の研究した内容は飛行原理に合致していることが判明しました。その経緯が加藤正世記者によって雑誌『帝国飛行』に紹介され、忠八の名前と偉業が一気に世間に周知されました。

その時期、長岡外史は陸軍を退役して帝国飛行協会副会長となっており、全国各地で飛行機を普及するための講演をしていましたが、その機会に忠八の業績も紹介していました。しかし日清戦争の最中に忠八から何度も上申があったことは忘却していました。

ところが忠八から日清戦争の最中の経緯を紹介した『薬石新報』という雑誌が送付されてきたため、自分が発明を阻害していたことが判明し愕然としたとのことです。

それから一週間後、長岡から忠八に長文の手紙が到着しました（直接、自宅を訪問したという記事もあります）。忠八は長岡が激怒して反論の手紙を送付してきたかと開封すると、「貴兄の折角の偉大な発明を台無しにしたのは小生である」という率直な謝罪の文章が執筆されており、忠八は感涙したといわれています。長岡は日清・日露戦争の参謀として活躍した軍人ですが、自分の間違いは率直に訂正する性格で、人々から敬愛されていた人物です。

シンクロニシティという言葉があります。同時発生と翻訳されますが、社会には類似した発明や発見が遠隔の土地で同時に発生する事例が何例もあります。I・ニュートンとG・W・ライプニッツの微分と積分、A・G・ベルとE・グレイの電話などは有名ですが、その背後には社会の潮流が関係しています。飛行機は忠八が先行していただけに残念ですが、やはり世界が競争で高速の便利な移動手段を必要としていた社会情勢を反映した競争でした。

世界で最初に麻酔を開発した

華岡青洲

（一七六〇―一八三五）

古代から存在した麻酔

南米大陸西側のアンデス山脈の高地に一五世紀から一六世紀にかけて存在したインカ帝国の遺跡から、頭部に穿孔《せんこう》した多数の頭骨が発掘されています。高度な技術により頭部を手術した痕跡で、そこでは患者に麻酔をかけるため常緑植物のコカノキから抽出したコカインが使用されていました。しかし、麻酔の技術ははるか以前から存在しており、古代のメソポタミアやエジプトでは阿片や大麻による麻酔も実施されていた記録もあります。

五〇〇〇年以上前にメソポタミアで生活していたシュメールの人々が粘土板上に記録した内容にはマンドレイクやヒヨスなど麻薬成分を含有する植物の名前が記載されていますし、三五〇〇年以上前の古代エジプトのパピルスに記載された文章には七〇〇種以上の薬草の名前が記載され、鎮痛作用のある植物も登場します。一八〇〇年前に活躍した華佗《かだ》という中国の医師は世界で最初に麻酔を発明した人物とされています。

英国王室が突破した麻酔使用

しかし西欧社会は麻酔の開発に出遅れます。それは聖書の影響です。一八四七年にエジンバラ大学のG・シンプソン教授が麻酔を使用する無痛分娩を発表したところ、キリスト教会が反対しました。『旧約聖書』「創世記第三章」に神様がイヴに「あなたは苦しんで子を産む」という文章があるという理由です。しかし教授は「創世記第二章」に、アダムを睡眠させ、その肋骨からイヴを誕生させたと麻酔を想像させる記載があると反論し論争になりました。

しかし、この論争はあっさり決着しました。一八三七年に一八歳で即位したハノーヴァー王朝のヴィクトリア女王は生涯に四男五女を出産しますが、五三年に四男のレオポルド王子を出産するとき、侍医のJ・スノウの判断で、クロロホルムを使用した無痛分娩を採用したからです。イギリスのキリスト教会の最高の地位はイギリス国王ですが、その国王自身が麻酔を使用したため、教会は反論できなくなったという結末です。

アメリカで実現した麻酔

そのような背景から、一九世紀中頃にアメリカで麻酔技術の研究開発が活発になります。最初に挑戦したのは薬学にも精通した医師C・ロングです。ジエチルエーテルを吸入すると、殴打されても気付かないほどになることに注目、一八四二年にジエチルエーテルを患者に吸引させて腫瘍を切除することに成功しました。ロングは重大な成果とは認識せず、四九年になって論文を発表しましたが、後述のように遅過ぎました。

医院を開業していた歯科医師H・ウェルズは地元の催物で笑気ガスを吸入した人間が物体と衝突しても平気であることに気付き、医院で笑気ガスを吸引させて抜歯をしたところ成功し、以後、一五人の患者の抜歯をしました。そこで一八四五年にボストンのマサチュセッツ総合病院で、笑気ガスを吸引した患者の抜歯をする公開実験をしましたが、薬量が不足していたため患者が悲鳴をあげて失敗となり、批判されてしまいました。

その実験を見学していたウェルズの弟子の歯科医師W・モートンは笑気ガスではなくジエチルエーテルを使用することを検討し、まず薬品を気化させて吸引させる専用装置を開発し、一八四六年にウェルズが失敗したマサチュセッツ総合病院で腫瘍の切除手術を実施します。歯科医師のモートンは手術の免許がないため、専門の外科医師に執刀を依頼し、手術は見事に成功しました。これは世界に報道され、モートンは著名な人物になります。

この報道の影響により、わずか二ヶ月後にはロンドンでジエチルエーテルを使用した抜歯が実施され、さらにロンドン大学の外科教授のR・リストンが下肢切断に成功しています。これはヨーロッパで最初の麻酔による手術でした。翌年の一八四七年になるとフランスにも伝播し、ジエチルエーテルを使用した手術が実施されています。この情報はオランダを経由して日本にも伝播してくるほど医学の分野では画期的出来事でした。

世界で最初に開発した日本

欧米中心の歴史では、近代医学の麻酔の発明は前述のような経緯で説明されていますが、それより四〇年以上前に日本で全身麻酔による乳癌の手術に成功した人物が存在します。一七六〇年に紀伊国那賀郡西野山村（和歌山県紀の川市）の医師である華岡直道の長男として誕生した華岡青洲です。子供の時期から怪我や病気で父親に手当をされる人々を毎日、眼前にしていた経験から、自分も医師として人々を救済したいと医師を目指します。

そこで二三歳になった一七八二年に京都に出掛け、漢方は吉益南涯《よしますなんがい》に師事し、外科は大和見水《やまとけんすい》から長崎のオランダ商館の医師カスパル・シャムベルゲルが伝達したカスパル外科を習得します。さらに見水の先生である伊良子道牛《いらこどうぎゅう》が古来の東洋医学とオランダ式外科学を折衷して確立した「伊良子流外科」も勉強しました。それ以後も京都に滞在し八五年に帰郷しましたが、その四ヶ月後に父親が死亡したため、家業を承継して開業します。

京都に滞在していた時期に、最新の医療器具と多数の医学図書を購入して帰郷しましたが、その一冊である永富独嘯庵《ながとみどくしょうあん》の『漫遊雑記』に「欧州では乳癌を手術で治療するが、日本ではまだ実施されておらず、後続の医師に期待する」という一文があり、これが青洲の将来に多大の影響をもたらしました。永富は漢方の医師でしたが、長崎でオランダ医学も勉強し、漢方に不足している部分はオランダ医学も参考にすべきという見解の医師でした。

欧米では一六世紀から乳癌の切除は実施されていましたが、麻酔の手段が開発されていなかったため、全体を切除せず、目立つ患部を切除するだけでした。それでも術中も術後も激痛が襲来しましたが、それ以上に問題だったのは、全体を摘出しないために再発し、十分な効果はないというのが当時の状況でした。一方、当時の日本では乳房は女性の急所であり、これを除去すると生命そのものに影響するとされ、除去は論外でした。

しかし、青洲は前述の永富の書物にある言葉や京都で入手した外国の書物によって、欧米では相当以前から乳癌の手術をしていることを勉強し、さらに実妹の於勝《おかつ》が乳癌で死亡したことも影響し、麻酔の方法を確立して乳癌の手術を成功させようと決意します。その気持を「自分は日本の華佗になる」という言葉で表現しました。華佗は中国の後漢時代の名医で、「麻沸散《まふつさん》」という麻酔効果のある薬品を使用して腹部の切開手術をしたとされる人物です。

そのために最初に必要なことは手術の激痛を緩和する麻酔効果のある薬品を発見することでした。そこで青洲は多数の書物を参照し、チョウセンアサガオ、トリカブト、ヨロイグサ、カラジビシャク、トウキ、マムシグサなど様々な薬草で試験を開始しますが、中国で鎮痛作用のある薬草として使用されていたチョウセンアサガオとトリカブトを中心に実験をし、「通仙散（麻沸散）」を完成させました。研究開始から十数年後のことです。

多数の犠牲で実現した麻酔

最初はイヌやネコなどの動物で何度も実験しますが、人間に効果があるかを判断するためには人体で試験する必要があり、何人かの人間に協力を依頼し、効果を確認しています。裏付ける資料は確認されていませんが、そのうち二人は実母の於継《おつぎ》と夫人の加恵《かえ》とされています。しかし、於継は死亡、加恵は失明するという不幸に直面しています。そのような多大な犠牲はありましたが、ついに乳癌の患者に施術することを決意します。

自身の医院「春林軒」に来院した患者に手術内容を説明しますが、最初の三人は恐怖のため辞退します。しかし、左側の乳房が乳癌であった第四の女性「勘」(六〇歳)が承諾し、麻酔を使用した世界最初の手術が実施されました。ところが患者に脚気と喘息の持病があったため、その治療に約二〇日を必要とし、ついに一八〇四年一〇月一三日に手術が実施されました。青洲が麻酔の研究を開始してから二〇年近くが経過していました。

手術は成功しましたが、患者は乳癌の再発のため、残念ながら四ヶ月半が経過してから死亡してしまいました。しかし、この手術によって青洲の治療の評判は全国に伝播し、

春林軒（左：主屋　右：長屋）

合計して一四三名の患者の手術をしています。その経過が判明している患者の状態を集計すると、術後の生存期間の最短は八日ですが、最長は約四一年にもなっており、平均では約三年七ヶ月となっています。世界で最初の治療としては見事な成果でした。

故郷の平山で活躍する青洲の業績に注目した紀州藩主徳川治宝《はるとみ》は一八〇二年に青洲に接見して侍医にしようとしますが、一般の患者の治療ができないと辞退します。そこで一三年に小普請医師格に任用し、一九年には小普請御医師に昇格させます。本来は城下に生活すべき地位ですが、毎月の半分は故郷の医院で一般の人々の治療を許可されました。三三年には医師として最高の奥医師格となりますが、二年後の三五年に七六歳で死去しました。

世界に浸透しなかった技術

この世界に先駆けた業績は後世に十分継承されませんでしたが、それにはいくつかの理由があります。第一は青洲が開発した通仙散は植物由来であるため、麻酔の効果が発現するまでに時間がかかり、緊急の手術には対応できなかったことです。幕末から明治にかけて国内で内戦が発生したとき、青洲の方法では戦場での緊急の処置に対応できないため、次第にクロロホルムやジエチルエーテルなど化学薬品を使用する麻酔に駆逐されていきました。

第二は通仙散の製法や成分を公開せず、一〇〇〇名にもなる弟子にも秘密にすることを要求したことです。これは独占を意図したのではなく、使用方法を十分に理解しない医師が使用したり、一般の人々が医療以外に使用することにより医療事故が発生することを憂慮したためのようです。しかし、その業績の意義は一九五二年にシカゴにある国際外科学会付属栄誉館に人類に貢献した医師として顕彰されたことが証明しています。

波乱万丈の人生を超越した俳人

小林一茶

（一七六三―一八二八）

古代から存在した歌謡

年代不詳ですが、日本最古の歌謡は素戔嗚尊《すさのおのみこと》による

八雲立つ　出雲八重垣　妻籠《つまご》みに　八重垣作る　その八重垣を

とされています。このような歌謡が古代の日本に広範に普及していたことは、八世紀後半に編纂された『万葉集』に、高貴な人々から一般の庶民まで多様な国民による七世紀前半からの四五〇〇以上の歌謡が収集されていることが証明しています。これらは中国伝来の「漢詩」に対比して「和歌」と命名されていました。

七世紀から九世紀にかけて遣隋使や遣唐使が中国に派遣されていた時代は、上流社会では漢詩が流行していましたが、使節の派遣が中止となった一〇世紀以後になると和歌が復活します。それらは五音と七音を何度も繰返して最後に七音で終了する仕組みで、全体は「連歌」と名付けられていました。その最初の五音七音五音は「発句」とか「俳諧」という名前で独立するようになり、明治時代に正岡子規により「俳句」と命名されました。

江戸時代になり「俳諧」が流行し、庶民の関心の対象になります。一七世紀中期の寛永・元禄時代には西山宗因や松尾芭蕉、一八世紀後半の文化・文政時代には与謝蕪村や

小林一茶が登場します。宗因の父親は加藤清正の家臣、芭蕉の父親は苗字帯刀を許可された土豪である一方、蕪村は母親が奉公した商家の主人の子供、一茶は信濃の農家の子供というように、江戸時代後半になって俳諧が一般社会に浸透してきました。

北国街道の柏原に誕生

今回は江戸時代後期に活躍した俳人小林一茶を紹介します。江戸幕府が整備した北国街道は信濃国追分宿で中山道と分離し、信濃国善光寺を経由して越後国高田城までを連絡する重要な街道ですが、善光寺から北側に二五キロメートルの越後との国境の手前に柏原宿（長野県信濃町）があります。農村であるとともに、江戸と北陸を連絡する交通の要衛であり、物資の中継基地であるとともに江戸の文化も流入してきた土地でした。

標高約七〇〇メートルの高地にあり、東側にはナウマンゾウの化石が出土したことで有名な野尻湖がある一方、西方には北信五岳のうち妙高戸隠連山国立公園に位置する妙高山（二四五四メートル）、黒姫山（二〇五三メートル）、飯綱山（一九一七メートル）の三山を眺望できる風光明媚な土地ですが、豪雪地帯でもあります。一茶の晩年の

これがまあ　ついの栖《すみか》か　雪五尺

という俳句が地域の特徴を端的に表現しています。

この農村の百姓で当時三一歳の小林弥五兵衛と二〇代の「くに」の長男として一七六三年に誕生したのが一茶となる弥太郎でした。父親は農業をするとともに駄馬によって街道で荷物を運搬する仕事もしており、それなりの収入のある農家でした。しかし弥太郎が三歳になったときに母親が死亡し、祖母の「かな」により養育されましたが、弥太郎が八歳になったときに父親が「さつ」という女性と再婚し、仙六という子供が誕生します。

そして弥太郎が一四歳になった一七七六年に可愛がってくれていた祖母が死亡し、継母との関係は微妙になっていきます。しかし、四石程度の収穫しかない農家といえども田植や刈入の時期は人手が必要で、弥太郎は仙六を背負って仕事を手伝っていましたが、宿場の本陣の中村六左衛門が子供に教育をしていたため、勉強をすることはできました。五〇歳代になって、その時代を回顧した

継ツ子が　手習をする　木葉《このは》哉《かな》

という俳句が記録されています。

江戸に奉公し俳句に目覚める

しかし、祖母の没後は継母との関係が悪化していく一方であったため、弥太郎が一五歳になった一七七七年、父親は江戸へ奉公させることにしました。継母と別々に生活すれば関係が修復するかもしれないという父親の思惑からと想像されます。江戸での生活の詳細は不明ですが、信濃の田舎とは桁違いの巨大都市での奉公は大変に過酷な生活で、父親の思惑とは反対に継母への憎悪は増加する一方で、晩年の文集にも気持を記載しています。

このような苦労ばかりの生活から息抜きのために見出したのが俳諧でした。弥太郎が下総国馬橋（千葉県松戸市）にある大川立砂《りゅうさ》が主人である商家に奉公していたとき、その立砂が俳人でもあったため、俳諧に興味をもつようになりました。そして二五歳になった一七八七年に俳諧で生活していくことを決意し、当時、江戸の東部で隆盛であった葛飾派の宗匠の二六庵竹阿《にろくあんちくあ》の弟子となり、俳号も菊明《きくみょう》と名乗るようになります。

やがて菊明は句会の進行をする執筆に抜擢されます。この役目は俳句に登場する故事などの知識があり、礼儀作法にも見識がある人物が担当するのですが、そのような能力があったと推察されます。当時は九〇年前の芭蕉の『奥の細道』が有名になっており、多数の俳人が芭蕉の足跡を確認しながら東北から北陸を旅行していました。菊明も二七歳の一七八九年に東北地方を行脚し、象潟、松島、恐山などの名所を訪問しています。

この旅行から二年が経過した一七九一年に菊明は一茶を名乗るようになったと推定されていますが、翌年三月、父親の病気を理由に一旦帰郷します。江戸に移動してから一五年が経過し、二九歳でした。ここで父親には俳人を職業として生活し、そのため西国を行脚する計画があることを説明し江戸に帰還します。そして翌年、西国行脚に出発しますが、下総、浦賀、伊東、遠江などの友人を訪問してから京都を目指しました。

京都では父親に依頼された西本願寺へ代参し、大阪、河内を経由して四国に渡航、自分の俳句の師匠の弟子が生活している讃岐観音寺を拠点とし、四国の各地を巡回してから九州に移動し、翌年の一七九三年に九州各地を旅行、翌年には再度、四国各地を巡回し、出発してから六年が経過した九八年に江戸へ帰還しました。これが容易な旅行ではなかったことは

秋の夜や　旅の男の　針仕事

という俳句が表現しています。

全国でも著名な俳人となる

六年の行脚から江戸へ帰還した翌年の一七九九年、江戸で世話になった大川立砂が急死します。そのような時期に今度は柏原の父親が病気になり、一八〇一年三月に帰郷しますが、六月に父親は死亡してしまいます。その間際に一茶と仙六に財産を二分するように伝達しますが、仙六と母親は一茶が不在の二四年間に石高を三倍にも増加させていましたから、二人には納得できる内容ではなく、争議の原因になりました。

しかし、父親が死亡した時期には、江戸で一流の俳人になりたいという野心があり、帰郷する気持ちはありませんでした。実際、一茶は『万葉集』『古今和歌集』などの歌集、『古事記』『続日本紀』などの史書、『源氏物語』『土佐日記』などの文学、さらには中国の『詩経』『易経』などの古典を熱心に勉強するとともに、優秀な俳人との交流を句作に反映させ、「一茶調」という独自の俳風を確立していきます。この勉強熱心は生涯継続していきます。

その結果、一茶は有名な俳人になっていきます。江戸時代には様々な分野で大相撲番付表のような順位が発表されており、一八一一年の「正風俳諧名家角力組」という番付で、一茶は江戸の俳人として東方の前頭五枚目に記載されています。全国で一七六名が掲載されているうちの東方の八位ですから相当の評価でした。ただし、上位の俳人は多数の弟子もいて生活に苦労することはありませんでした。一茶はそうではありませんでした。

そのような経済事情と次第に進行する老化の影響で一茶は帰郷を検討するようになります。一八〇七年に父親の七回忌の法要のために帰郷したとき、父親の死亡の間際の遺言を根拠に継母や仙六と財産分与の相談をしますが、三〇年間も故郷を留守にしたまま、母子が苦労して拡大してきた財産の分与という要求は故郷の村人からも非難されます。

人誹《そし》る　会が立つなり　冬籠《ふゆごもり》

結果として最終決着には六年の歳月が必要でした。

財産が分与されても農業で生活するには高齢になりすぎており、一茶は生活の基盤となる俳諧結社を設立し、師匠となる段取りを開始します。その時期には信濃でも俳句が隆盛になっており、すでに何社かが存在していましたが、一茶は各地の俳句を愛好する人々と出会い一茶社中を結成します。前述の番付でも想像できるように、一茶は日本を代表する俳人と評価されており、各地から人々が訪問してくるほど繁盛しました。

柏原に帰郷し三度の結婚をする

遺産相続問題も解決し、俳諧結社も順調に進展したことも影響し、一茶は五二歳になった一八一四年に野尻宿の有力な農家の菊という二八歳の女性と結婚します。三男一女が誕生しますが、すべて夭折してしまいます。

さらに二〇年には本人も雪道で転倒して中風となり、歩行も困難になりますし、菊も痛風となって二三年に三七歳で死亡してしまいます。九年の結婚生活でした。

小言いう　相手もあらば　けふの月

すでに一茶は六〇歳でしたが再婚を希望し、飯山藩士の田中義条の三八歳の娘で離婚して出戻っていた雪と結婚します。しかし、俳人として有名になっていた一茶は北信一帯の門人を訪問して自宅を留守にしがちで、数ヶ月後には離婚ということになります。

ところが、ある事情から三度目の結婚をすることになります。柏原の旅館に奉公していた「やを」という女性に私生児が誕生して問題となり、その解決として身寄りのない一茶と結婚することになったのです。

伴侶と跡継ぎができた六五歳の一茶にも平穏な晩年が到来したようでしたが、さらな

一茶終焉の土蔵

る災難が襲来します。一八二七年初夏に柏原の集落の八割が焼滅する大火が発生したのです。幸運にも一茶の所有する土蔵は無事で、そこに仮住まいをします。中風で歩行も困難でしたが、一茶は各地の門人を訪問し、初冬に柏原に帰還しますが、一一日後に死亡しました。六五歳でした。遺骨は宿場にある菩提寺の明専寺の墓地に埋葬されました。

急死であり、辞世の俳句もありませんでしたが、意外な遺産がありました。「やを」が身籠っており、翌年四月に女児「やた」が誕生したのです。成長した「やた」は越後高田の農家の丸山卯吉を入婿とし、一茶が念願した一家の存続は達成されました。江戸の三大俳人の芭蕉は生涯に九六七句、蕪村は二九一八句を記録していますが、一茶は二万一二〇〇句という桁違いの句数を記録しています。人生でも句作でも多産の巨匠でした。

家老で画家の

蠣崎波響

（一七六四―一八二六）

日本の先住民族アイヌ

世界には先住民族と名付けられる人々が存在します。国際連合は一九九二年に「外部の地域から異質の文化をもつ異質の人々が到来し、地元住民を支配し圧倒して人口を減少させ、非支配的な立場や植民地的状況にしてしまった時代に、現在の地域に生活していた人々の現存する子孫」と定義しています。要約すれば、外部から侵入した人々によって支配されるような状況になってしまった民族で、現在、世界七〇カ国に約五億人が存在します。

筆者は二〇〇四年に南米大陸南端のプエルト・ウィリアムスという寒村を訪問したことがあります。そこにはアジア大陸から北米・南米大陸を経由して約六〇〇〇年前に到達したヤーガンという先住民族が生活していましたが、侵入してきたヨーロッパの人々に駆逐され、純血のヤーガンの最後の一人だけが生存していました。しかし二〇二二年二月にその一人が死亡しました。世界では過去五〇〇年程度の期間に、このような事態が頻繁に発生してきたのです。

日本ではアイヌ民族が定義に該当し、かつては蝦夷という呼称で北海道内から千島列島や樺太にかけて生活していました。しかし室町時代から戦国時代にかけて渡島半島の南端に和人の蠣崎《かきざき》一族が政権を確立し、豊臣秀吉と徳川家康からアイヌの人々と交易する権利の独占を認定され、松前藩が成立します。各藩はコメの石高により領地が確定しますが、当時の道内ではコメが栽培できなかったため、交易の権利だけが付与されていました。

そこで収益増大のためアイヌの人々と過酷な交易をしてきた結果、一六六九（寛文九）年に東蝦夷地を拠点とするシャクシャインを首長とする一族が反乱し、四〇〇人にもなる和人が殺戮される騒乱になりました。しかし騒乱は鎮圧され、蝦夷地内におけるアイヌ民族の勢力が衰退していきます。さらに一九世紀になるとロシアが南下するようになったため北方の防備が重要になり、一八〇七（文化四）年には幕府が全域を直轄することになります。

そのため松前藩は陸奥の梁川《やながわ》（福島県伊達市）に九〇〇〇石を拝領して転封になりました。しかし一八二一（文政四）年には再度、松前に復帰、城郭（福山城）を建造しますが、一八五五（安政二）年にロシアと日露和親条約が締結されて箱館が開港されたため、出羽《でわ》の東根《ひがしね》（山形県東根市）の領地を追加して柳川に転封するというめまぐるしい移動を経験します。このような動乱の時期に松前藩の家老であったのが蠣崎波響《かきざきはきょう》です。

京都で画業の修行をした波響

波響は一七六四（宝暦一四）年に松前藩第七代藩主の松前資廣《すけひろ》の五男として松前城の前身である福山館で誕生しました。当時は成長とともに改名するのが一般で、金介、廣年、将監、東岱など一〇以上の名前がありますが、以後は画号である波響で紹介します。藩主の側室であった母親は家臣の長倉長左衛門貞義の娘の勘子でした。父親の藩主は波響の誕生の翌年に逝去し、後継として第八代藩主となった松前道廣は異母兄になります。

波響はすでに幼少の時期から絵画に才能を発揮し、八歳のときには松前城内の馬場で藩士が馬術の稽古をしている様子を見事に写生したことで話題になり、叔父の松前廣長が自身で教育をするようになります。廣長は多数の著書があるほどの文武両道の人物ですが、このような才能を北方の土地に放置しておくべきではないと、波響を江戸の藩邸に送付し、当時、俳人、歌人、画人、文人として名高い建部凌岱《たけべりょうたい》に師事させます。

ところが波響が一一歳になった一七七四（安永三）年に凌岱が死亡し、凌岱の遺言により宋紫石《そうしせき》を師匠とします。当時の日本画界は南蘋《なんぴん》派が主流でした。清国から一七三一（享保一六）年から二年だけ長崎に来日して写実的花鳥画の技法を伝達した沈《しん》南蘋を元祖とする一派で、その高弟である宋紫岩に入門したのが宋紫石（本名は楠本幸八郎）です。波響が指導を依頼した時期は紫石の晩年ですが、その写実の作風を忠実に学習しています。

その一例が、紫石の三幅一対の「鯉花鳥図」の一幅を模写した「瀑布双鳩図《ばくふそうきゅうず》」で、垂直に落下する瀑布の前面の老木の小枝に止まる二羽の鳩を描写した図柄で、落款は最初の師匠であった凌岱を意識した東岱を使用しています。紫石の作品を参照しているとはいえ見事な画力ですが、殿様の直系で後継となる場合もある身分では江戸で絵画の修行をしているわけにもいかず、二〇歳になった一七八三（天明三）年に故郷に帰還しました。

アイヌ酋長の肖像「夷酋列像」

ところが松前に帰還して六年が経過した一七八九（寛政元）年に事件が勃発しました。根室から羅臼にかけての東蝦夷地、その東側の洋上に点在する国後、択捉、歯舞、色丹など三九の島々は松前藩領とされ、それらの場所に生活するアイヌの人々との交易の権利を本土の商人に付与していましたが、過酷な取引だけではなく住民への対応も苛烈であったため、クナシリのアイヌの人々が蜂起し、和人を襲撃したクナシリ・メナシの騒乱が発生したのです。

この騒乱で現地に生活していた七〇人余の和人が殺害されました。当時は冬期でも凍結しない港湾を確保するためロシアが南下しはじめており、現地で内乱が発生するのは松前藩にも幕府にも深刻な問題でした。実際、この騒乱から三年が経過した一七九二年にはロシアの軍人A・ラクスマンが通商を要求して根室に到来しています。そこで松前藩は二六〇名の部隊を派遣して鎮圧しますが、その部隊を指揮した一人が波響でした。

しかし、すべてのアイヌの部族が蜂起したわけではなく、和人を保護した部族も存在しました。そこで松前藩に協力した四三の部族の酋長を松前に案内し、藩主の松前道廣

夷酋列像（イトコイ）

が謁見し、その命令で波響は中立を維持した一二名の酋長の肖像を描写した「夷酋列像《いしゅうれつぞう》」を制作しました。騒乱の発生で喪失した藩の威信を回復するため、すでに家老となっていた波響は一七九〇（寛政二）年に完成した一二幅の絵画を持参して翌年上洛します。

　この絵画は画力が秀逸であるとともに、内地の人々が見聞したことのない風貌をもつ一種の異人を描写しているため京都で話題になり、親交のあった高山彦九郎や大原左金吾の尽力により光格天皇に拝謁することになりました。そのため波響の名前は絵師として洛内に衆知されることになります。波響は京都に滞在して藩政を担当するとともに、当時の第一人者であった円山応挙に師事して従来とは相違した画風を習得していきます。

外国で発見された「夷酋列像」

この一二幅の名画は忘却され行方も不明で、幕末の一八四三（天保一四）年に小島貞喜が忠実に模写した複製以外に何点かの複製が残存しているだけでした。ところが一九八四年一〇月に驚嘆するニュースが発表されました。波響の地元の『北海道新聞』に「江戸時代〝松前応挙〟とうたわれた松前藩家老蠣崎波響の「夷酋列像」の一一幅もがスイス国境に近いフランスのブザンソン市立博物館に収蔵されていた」という記事が掲載されたのです。

ブザンソンはスイスとの国境まで六〇キロメートルの人口一二万人の地方都市で、音楽愛好の人々には、一九五九年に二四歳の小澤征爾が優勝したことで有名な「ブザンソン国際指揮者コンクール」の開催都市ですし、紀元前一世紀にガリア民族とユリウス・カエサルが戦闘した場所としても有名です。そのような場所に家老の廣長の序文が添付された「夷酋列像」の原画が収蔵されていた経緯は不明ですが、日本にとっては世紀の発見でした。

二足の草鞋の意義

図版でも明瞭ですが、一般に日本画という言葉から想像される花鳥風月とは異質の人物を描写した絵画で、その鋭利な眼光は狩猟民族であるアイヌの人々の性格を表現して、波響の画力を証明しています。さらに家柄から最高の画布と最高の絵具を使用した品格のある絵画です。しかし京都で応挙に師事してからは、いわゆる「円山派」の画風に変化し、「夷酋列像」が発散する迫力は消滅し、伝統ある日本の絵画の枠内に回帰していきました。

小藩とはいえ家老自身が描写した絵画には価値があり、冒頭に説明したように海外からの侵略を防衛するため、一七九九（寛政一一）年に松前藩の領地であった蝦夷地の大半が幕府の直轄になり、東北に転封されたとき、再度、蝦夷地に復帰するための運動に波響の絵画が贈物に利用されたとされています。日本が開国へと移行していくとき、家老として際立った活動はなかったものの、技芸が貢献したという意味では活躍した人物でした。

「二足の草鞋」という言葉があります。一般には両立しないような複数の仕事を一人の人間が達成することです。森林太郎は陸軍軍医総監という医師として最高の地位に到達する一方、森鷗外として近代日本を代表する作家になっています。外国では二六歳で史上最年少ロンドン市議会議員、二九歳で史上最年少国会議員となり、借金返済のため執筆した小説が大当たりして作家としても成功したJ・アーチャーも有名です。

絵画の世界では波響と類似の境遇にあった酒井抱一《ほういつ》が有名です。姫路藩主の家系に誕生しながら後継となることを拒否して画家として活躍し、出家して権大僧都にまで出世しています。これらの人々が生活した時代と比較すれば、現在は人間が長寿になり、社会環境も急速に変化しています。今回紹介した蠣崎波響を世界に誇示できる傑作を描写した画家としてだけでなく、複線の人生を体現した人物として理解することにも意味があります。

物語を実在の歴史に転換した

ハインリヒ・シュリーマン

（一八二二―一八九〇）

商人として成功

古代ギリシャの盲目の吟遊詩人ホメロスが紀元前八世紀後半に記述したとされる物語『イリアス』は翻訳された日本語版でも約五〇〇ページになる大作ですが、ペロポネソス半島に存在するギリシャ王国連合とアナトリア半島に存在するトロイア王国の約一〇年にもなる戦争を叙述した内容です。数多くの神々が登場するので、神話の一種と理解されていましたが、これを実在の歴史の物語だと理解した人物が存在しました。

その人物とは一九世紀に世界を闊歩したハインリヒ・シュリーマンです。ドイツ北部のユトラント半島の付根《つけね》に一四世紀から存在したメクレンブルク＝シュヴェリーン大公国のプロテスタントの牧師であった父親のエルンスト・シュリーマンの九人兄弟の六男として一八二二年に誕生しました。一三歳になった三五年に地元の学校に入学しますが、貧乏であったため翌年に退学し、食品会社で徒弟として勤務します。

しかし、貧乏から脱却しようと一八四一年に南米のベネズエラに移住するため渡航しますが、大西洋上で帆船が難破、オランダの領有する小島に漂着し、そこに立地していたオランダの貿易会社に入社しました。ある程度の収入も確保できたので、子供時代からの女性の友達と結婚しようと連絡すると、直前に結婚したということが判明し、この失恋の痛手から回復するためシュリーマンは貿易の仕事に没頭するようになります。

そのためには世界各国の言葉を習得する必要があると必死に勉強し、自伝では一五言語を自在に駆使できるようになったと記載されていますが疑問とされています。しかし、商売の才能は抜群で、ロシアに移住してインドの藍色の染料の輸入で成功、さらに一八五三年に勃発したイギリス・フランス・トルコなどの連合とロシアとのクリミア戦争ではロシアに武器を密輸して大儲けし、四一歳になった一八六三年に商売から引退しました。

世界一周旅行で日本を訪問

大金を手中にしたシュリーマンは一八六五年から世界一周旅行に出発します。インドを経由して海路で香港、上海、天津に立寄りながら北京に到着、万里の長城を見物して六月一日に横浜に到着しました。五九年に外国に開港してから六年が経過していた横浜は辺鄙な漁村から多数の外国の人々が集散する港町に発展しており、ここでシュリーマンは長崎にグラバー商会を創設したT・B・グラバーとも出会っています。

何事にも関心をもつシュリーマンは日本の庶民の家庭なども見物していますが、大変な行事を見物する機会がありました。第一四代将軍徳川家茂《いえもち》が京都の孝明天皇に拝謁するため、六月一〇日に横浜付近の東海道を通行するというのです。混乱の発生を防止するため外国の人間の見物は制限されていましたが、イギリス領事が幕府から許可を取得し、その一人としてシュリーマンも保土ヶ谷で一七〇〇名にもなる将軍の行列を見学したのです。

さらに生糸の産地を見学するため八王子を訪問し、江戸の見物にも出掛けています。当時は幕末の緊迫した情勢のため外国の人間の江戸訪問は禁止されていましたが、アメリカ代理公使の手配で許可を取得し、警護の五名の役人とともにアメリカ公使館となっていた麻布の善福寺に到着、愛宕山、日本橋、浅草寺などを見物します。約一ヶ月の滞在を終了し、横浜からサンフランシスコに航海、アメリカ大陸を横断して、翌年、パリに到着しました。

トロイア戦争の物語

　これ以後、シュリーマンは生涯の事業となるトロイア遺跡の発掘に集中します。その活動を説明するために『イリアス』で展開される物語を紹介します。発端は全知全能の神ゼウスが地上で増加しすぎた人口を減少させるために戦争を勃発させる策略を考案したことです。そこで戦争の契機とするため、トロイア王国の王子パリスに三人の女神ヘラ、アテナ、アフロディテを対面させて最高の美人を選択させる「パリスの審判」を実行します。

　三人は自分を選択してくれた場合、ヘラはアジア全域の支配の権利を、アテナは戦争で常勝する能力を、アフロディテは世界で最高の美女をパリスに贈呈すると約束しますが、パリスはアフロディテの提案を選択しました。そこで彼女はスパルタ国王メネラオスの夫人ヘレネがパリスに夢中になるように仕向けます。国王が不在の時期にスパルタを訪問したパリスはヘレネに出会い、恋仲となった二人は一緒にトロイアに帰還してしまいます。

　夫人を略奪された国王メネラオスは武将オデュッセウスを同伴してトロイアに出向きヘレネを返還するように交渉しますが成功しませんでした。そこでスパルタを中心とするペロポネソス半島に存在する国々が協力してトロイアと対戦することにし、大将は武勇で名高いミケーネ国王アガメムノン、副将はメネラオスで、一〇万人規模の兵士と約一二〇〇隻の軍船からなる艦隊を編成、エーゲ海域を横断してトロイアに到着します。

浜辺に到着した艦船から最初にプロテシラオスが上陸してトロイアの大将ヘクトルと対決しますが、討死してしまいます。しかしアキレウスの奮戦などもあり、ギリシャ連合が優勢になったため、トロイア王国の軍勢は城壁の内部に退却し城門を閉鎖してしまいました。アキレウスはトロイア王国周辺の国々を攻撃して陥落させますが。トロイア王国の堅固な城壁は容易に突破できず、膠着状態のまま年月が経過してしまいます。

この長期の戦争を決着させたのが「トロイアの木馬」作戦です。トロイアではウマが神聖な動物とされていました。そこでギリシャ連合は内部に少数の精鋭の兵士が潜伏した巨大な木馬を製作して城門の前面に放置し、軍隊は付近の小島に撤退しました。トロイアの軍隊は木馬の処理について、焼却する、破壊する、城内に搬入するという三案を検討しますが、結局、第三に決定し、城内の広場に移動させ、トロイアの兵士たちは勝利の宴会を開催しました。

夜半になり木馬の内部に潜伏していた兵士が外部に進出して内側から城門を解放し、

沖合の小島に待機していたギリシャ連合の兵士たちが上陸して飲酒で泥酔していたトロイアの兵士を殲滅《せんめつ》します。トロイア国王プリアモスは神殿に逃避していましたがアキレスの息子ネオプトレモスに殺害され、トロイア王国は滅亡しました。このように紹介してくると、神々の世界と人間の世界が渾然一体となっており、ホメロスの『イリアス』は架空の物語のようです。

遺跡の発掘に成功

しかしシュリーマンは現実の物語だと確信します。そこで日本を訪問した翌年の一八六六年にフランスのソルボンヌ大学とドイツのロストック大学で古代の歴史を研究して博士の学位を取得します。そして七〇年からアナトリア半島のエーゲ海側のピナルバシュという場所を発掘しますが成果はありませんでした。しかし同様にトロイア遺跡を探索していたイギリスのアマチュア考古学者F・カルヴァートの示唆でヒサルルクという場所に目標を変更します。

そこはカルヴァートが以前から細々と発掘していた場所ですが、資金不足で深部まで発掘されていませんでした。そこでシュリーマンは一八七〇年に正式の発掘許可を取得し、豊富な資金を投入して次々と下層へ発掘していきます。上層は古代ローマ時代の遺跡で、下層になるほど過去に遡行し、九層の遺跡を確認しますが、その第八層には火災の痕跡があったので、それがトロイア戦争の火災で消滅したトロイアの都市遺跡だと推定します。

そうするとトロイアという都市国家が存在したのは紀元前二六〇〇年から二二五〇年という時代になってしまい、間違いだったということが判明します。後程の研究によって紀元前一三〇〇年から一九九〇年の第七層から火災の痕跡や虐殺の証拠が発見され、トロイア戦争時代の遺跡であったと修正されます。トロイア戦争が実在し、ホメロスの著作が架空の物語ではなく史実であったことが明確になり、シュリーマンは一気に有名になりました。

さらなる遺跡の発掘に挑戦

前述のように、シュリーマンは古代ギリシャの歴史について博士の学位を取得して豊富な知識がありましたが、発掘調査など実務の経験はなく、かつトロイア戦争が架空の物語ではなく実在したという証拠の発見を最大の目的としていたため、遺跡の途中の階層を乱雑に発掘して損傷していますし、最初は第七層がトロイア戦争の時代の遺跡ではないと判断していたために一部を破壊してしまい、後世の研究に支障をもたらしたという問題がありました。

さらに出土した遺物は遺跡の存在するオスマン帝国に無断でギリシャに搬送されたため、オスマン帝国は発掘の権利を剥奪してしまいます。しかし発掘継続のためシュリーマンは発掘した遺物の一部を返還するとともに、代金を支払って発掘を継続しました。シュリーマンが確保した遺物は一八八一年にドイツへ搬送されベルリン国立博物館で展示されていましたが、一九四五年にソビエトが自国に運搬し、現在、モスクワのプーシキン美術館に展示されています。

さらにシュリーマンはトロイア戦争でギリシャ軍団の大将であったアガメムノンの墳墓を発見するため、ペロポネソス半島北部のミケーネ遺跡を発掘し、二頭の獅子の彫刻で装飾された城門や巨大な円形墳墓を発見します。ここからは多数の黄金製品が発掘され、ホメロスが「黄金の豊富なミケーネ」と表現していることを裏付けています。しか

ミケーネの城門

し、この遺跡はトロイア戦争より数百年前の存在と推定され、アガメムノンとは関係ないことが判明しています。

一八八四年からはミケーネ文明の盛期の遺跡であるティリンス遺跡を発掘し、壮大な宮殿の存在を明確にしました。さらに古代ギリシャの遺跡の発掘を構想していましたが、一八九〇年に旅行途上のナポリで急死し、アテネの墓地に埋葬されました。現代の基準からは発掘方法や発掘した宝物の処理に問題があったものの、だれもが架空の物語と理解していたホメロスの物語が歴史の事実であったことを個人の資産で証明した偉大な人物でした。

景観建築を誕生させた

フレデリク・L・オルムステッド

（一八二二―一九〇三）

広大なセントラルパーク

ニューヨークのマンハッタンにあるセントラルパークと東京の都心にある日比谷公園は対比されることがあります。どちらも巨大都市の中心にある公園という意味では類似していますが、前者は四〇〇〇メートル×八〇〇メートルで面積三四〇ヘクタール、後者は五〇〇メートル×三〇〇メートルで一六ヘクタールと二〇倍も相違しています。完成も一八五九年と一九〇三年で四〇年近い差異がありますが、それ以上に内容が相違しています。

日比谷公園は一部に和風庭園もありますが、大半は広場を中心とした空地で、建物も図書館、公会堂、料理店くらいしかありません。一方、セントラルパークの大半は人工の森林で、鳥類が遊泳している湖沼やアイススケートリンクなどの運動施設もあります。さらにメトロポリタン・ミュージアムを筆頭にいくつかの博物館や美術館もあります。このアメリカで最初の都市公園を設計したフレデリック・ロー・オルムステッドを紹介します。

農業から記者に転身

オルムステッドは一八二二年にコネチカット州ハートフォードの裕福な商人の家庭の長男として誕生しました。祖先は一七世紀の初期にイギリスのエセックスから移住してきた歴史のある一族でした。オルムステッド本人はイエール大学へ入学を希望していました。しかし、その時期に病気で視力が低下したため入学を断念し、見習い船員、商人、貿易など様々な仕事に就業しますが、農業を本業にしようと決心します。

そこでイエール大学に入学して農業を勉強して卒業し、一八四七年からはマンハッタンの南側にあるスタテン・アイランドに父親がオルムステッドのために購入してくれた五〇ヘクタールもある広大な農地で農場を経営していました。その場所をオルムステッドは「トソモック農場」と命名して一八六六年まで経営しており、その住居も保存されています。後年、オルムステッドが景観建築の元祖となる背景は、ここでの経験にあります。

しかし、その時期にオルムステッドは転身を開始します。一八六一年に勃発するアメリカの南北戦争は奴隷制度の賛否を背景とする内戦ですが、すでに五〇年代から気配はありました。奴隷制度に反対のオルムステッドは五二年から五七年にかけて南部を旅行して実態を見聞した経験を『ニューヨーク・デイリー・タイムズ（現在のニューヨーク・タイムズ）』に「テキサス旅行」など何本かの記事として掲載し、奴隷制度に反対の意見を表明します。

その経験を評価され、一八五五年から五七年までは『パットナムズ・マガジン』という雑誌の編集長に就任、六五年には『ザ・ネーション』という雑誌を共同で創刊します。このような経験を背景にして、次第に本業となる景観建築や公園設計の方向に転向していきます。五六年にはニューヨークの作家や画家で構成する「センチュリー・アソシエーション」の会員になり、すべてのニューヨーク市民のための公園を提案しています。

それ以前の一八五〇年にはイギリスを旅行して公共公園を視察し、イギリス中部の都市バーケンヘッドにJ・パクストンが設計した「バーケンヘッド公園」に感動します。パクストンは翌年、イギリスが開催する世界最初の「大博覧会」の会場となる鉄骨とガラスでできた「クリスタル・パレス」を設計した人物です。オルムステッドはイギリスでの印象を「アメリカ農夫のイギリスでの旅行と談話」（一八五二）として発表しています。

セントラルパークの成功

ニューヨークのマンハッタンは一七世紀初期にオランダの商人が南端に入植し、ニュー・アムステルダムと名付けていた場所ですが、次第に北側に発展し、一九世紀初期の三〇年間で人口が四倍になるほど増加していきました。それとともに居住環境が悪化してきたため、アメリカの造園作家A・J・ダウニングなどが、ロンドンのハイドパークやパリのブローニュの森林のような市民のための公園が必要だと主張するようになります。

そこで一八五三年にニューヨーク州議会が「セントラルパーク」となる広大な土地を公園用地に指定、五五年までに、すでに居住していた人々に退去してもらい、現在価格に換算すると約二〇〇億円にもなる金額で用地を取得し、五七年に公園計画の公開競技設計を実施します。三三の提案がありましたが、オルムステッドは公園設計の恩師であるA・J・ダウニングから紹介されたC・ヴォークスと共同で応募、見事に一位に選定されました。

提案の大半が公園を周囲の街区と融合させるような内容でしたが、一位となった二人の提案は公園と周囲を明確に分離した計画でした。当選の決定直後から工事は開始されますが、敷地は岩山と沼地が大半で、南北戦争の激戦ゲティスバーグの戦闘で使用された以上の火薬を使用して岩石を粉砕、植栽に不適な土壌を大量に除去する一方、適切な客土を搬入して植林し、以後の手本となる公園を実現、オルムステッドは初代の園長に就任しました。

この都市公園が評価されたのは巨大都市に広大な緑地が出現したという以上の理由があります。建設段階では巨額の工事費用により大量の雇用が発生して失業対策になりました。完成した段階では、養豚農場があった場所が散策のできる緑地になり、水路の開削が大雨対策になり、立体交差道路により馬車に干渉されずに人間が散策できるようになるなどの計画により、周囲の土地の価値が向上し、ニューヨークを象徴する場所になったのです。

アメリカに公園運動が発生

セントラルパークの評判は全米に浸透し、都市公園を建設する「アメリカ公園運動」

が各地で発生します。マンハッタンに隣接するブルックリンは煉瓦用採石場跡地を公園にする設計をオルムステッドに依頼します。岩山を公園にする無理な注文でしたが、セントラルパークで大量の客土により植栽を可能にした経験により緑豊かな「プロスペクトパーク」が実現しました。これらの成功により設計依頼が殺到し、数百の都市公園を実現しています。

オルムステッドの設計した公園に共通する特徴は、ヨーロッパの歴史のある宮殿の公園のように、整然とした並木や幾何学的な模様の花壇に草花が植栽されているのではなく、自然景観を再現する公園でした。両岸が石積みで整備された直線の水路ではなく自然な曲線の水路、芝生のある丘陵ではなく地層の露出した岩山、整備された並木ではなく雑木の森林のような風景がアメリカの人々の嗜好に合致し、全国各地から設計を依頼されたのです。

公園の設計での名声は大学のキャンパス計画の依頼にも波及しました。一八五七年以後、カリフォルニア大学バークレー分校（一八六五）、セントルイス・ワシントン大学（一八六五）、ギャローデット大学（一八六六）、コーネル大学（一八六七）、バーウィック・アカデミー（一八九四）などのキャンパスの設計を依頼されています。そし

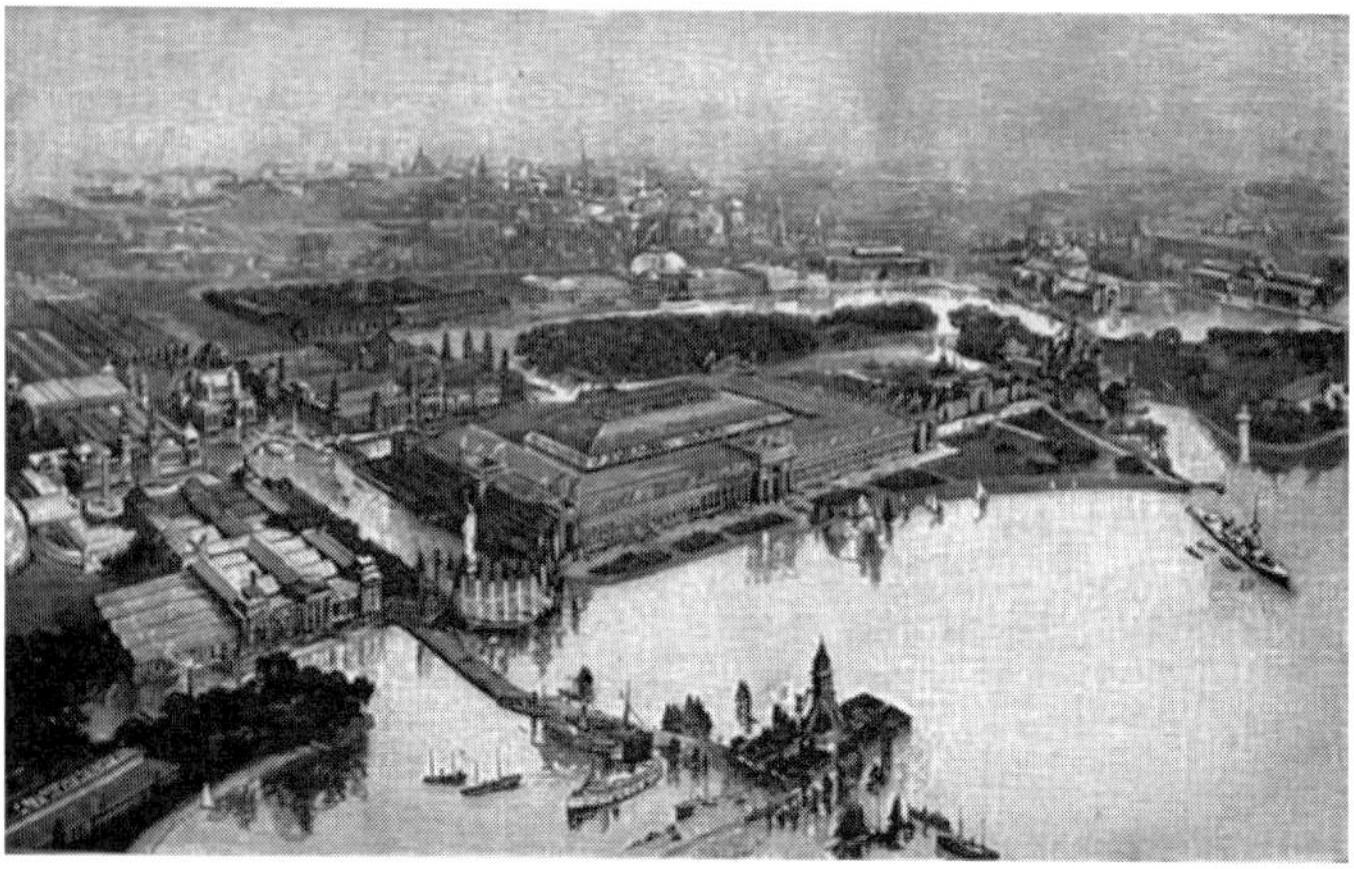
コロンビア大博覧会（1893）

て父親の仕事を継承した二人の息子も多数の大学キャンパスを計画し、合計五〇以上にもなります。

さらにオルムステッドを有名にしたのは、コロンブスのアメリカ発見四〇〇年を記念して一八九三年にシカゴで開催された「コロンビア大博覧会」です。ミシガン湖畔の広大な土地に入江や運河を構築、二〇〇棟以上の建物が建設された壮大な会場を計画したのが当時のアメリカを代表するJ・W・ルート、C・B・アトウッド、D・バーナム、そしてオルムステッドでした。この企画は成功し、半年で二七〇〇万人の観客が殺到しました。

自然保護に尽力

しかし奴隷制度に反対であったように、正義の意識の明確なオルムステッドは自然環境保護にも尽力します。一八六五年にカリフォルニアのマリポサ鉱山で仕事をしていたとき、前年に州立公園に指定された直後のヨセミテに旅行し、アメリカで最大の落差（七三九メートル）のあるヨセミテ・フォールズやリボン・フォールズ（四九一メートル）、セコイヤの巨木が群生しているマリポサ・ビッグ・ツリー・グローブを見物します。

しかし、当時は林業や鉱業の企業が公園内部に進出し、樹木を伐採したり鉱石を採掘したりしていました。そこでオルムステッドはヨセミテ渓谷を公共の公園としてカリフォルニア州の土地にし、自然環境を管理するための組織を創設することを連邦議会に請願しました。それが認定されて組織が設立され、オルムステッドは委員長となって国立公園の制度の創設に尽力し、ヨセミテも一八九〇年に国立公園に指定されました。

さらにナイアガラ瀑布の保全にも貢献しています。一八八〇年にナイアガラを訪問したオルムステッドは周囲に民間の営利施設が乱立し、発電施設まで建設されていることに愕然とします。そこで訪問してきた人々が自由に利用できる公共施設を整備することをニューヨーク州政府に提案します。やや時間がかかりましたが、一八八七年に自然環境の保全を義務とする土地保護制度が成立し、営利施設を排除することに成功します。

景観建築を開拓した巨匠

次々と新規の分野を開拓してきたオルムステッドも七三歳になった一八九五年に引退を決意し、九八年にマサチュセッツのベルモントのマクリーン病院で生活するようになり、一九〇三年に死亡し、遺体は故郷のハートフォードの墓地に埋葬されました。それ以後は二人の息子J・C・オルムステッドとF・L・オルムステッド・ジュニアがオルムステッド兄弟会社を設立し、一九八〇年まで父親の開拓した仕事を継続しました。

名前が現在まで伝承されている最古の技師は紀元前三〇世紀にエジプトのサッカラにある段状ピラミッドを設計したイムホテップとされていますが、それ以後、建築技師は都市計画や庭園設計も実施してきました。しかし、オルムステッドは一九世紀に景観建築（ランドスケープ・アーキテクチュア）という新規の分野を開拓した最初の人物です。膨大な公園や大学の敷地計画を実現してきましたが、質量ともに偉大な人物でした。

女性の科学への道筋を開拓した

エレン・スワロウ・リチャーズ

（一八四二－一九一一）

女性が少数の科学分野

一九〇一年の創設以来、ノーベル賞の科学部門三賞（物理学、化学、生理学・医学）の受賞者数の合計は二〇二二年時点で六三五名ですが、女性は二度受賞したM・キュリー、ゲノム編集の仕組を発明したE・シャルパンティエとJ・ダウドナなど一六名で全体の二・五％でしかありません。かつては女性の研究者数が少数であったからと想像されるかもしれませんが、二一世紀になってからでも受賞者数一五八名のうち女性は八名で比率は五・一％です。

そのような高度な発明や発見をした女性だけではなく、現在でも科学技術全般で女性の研究者は少数です。二〇一八年の調査結果では、イギリスが三九％、アメリカが三三％、ドイツが二八％、フランスが二七％など欧米では三割から四割ですが、アジアでは韓国が二〇％、日本が一七％と低率です。今回は女性が研究を職業とすることが現在よりはるかに困難であった一九世紀のアメリカで敢然と挑戦した女性学者を紹介します。

女子大学に入学

アメリカ北東のマサチュセッツの州都ボストンから北西に五〇キロメートル、ニューハンプシャーとの州境にダンステーブルという都市があります。現在では約三三〇〇人が生活していますが、一八〇〇年前には五五〇〇人弱の農村でした。一八四二年一二月、ここに生活するピーターとファニー・スワロウ夫妻に一人の女児が誕生し、エレンと名付けられました。両親は二人とも教師でしたが、やがて父親は農場を経営するようになります。

エレンは小柄で病弱でしたが、田園生活の効果で次第に健康になっていきます。両親は子供を地域の学校には通学させず、一六歳まで家庭で教育をしていましたが、エレンが一七歳になったときに隣町のウェストフォードに引越して商店を開業し、エレンをウェストフォード・アカデミーに入学させました。エレンが卒業すると一家はさらにリトルトンに移転、父親は商店を経営し、エレンも手伝いながら地元の学校で教師になります。

しかし、このような生活に満足しなかったエレンは二三歳になった一八六五年に両親から独立してウースターという都市に移住し、様々な仕事をしながら質素な生活をして高度な教育の機会のために貯蓄をします。当時、女性が入学できる大学は存在しませんでしたが、資金に余裕のある醸造業者M・ヴァッサーがニューヨークのポキプシーにヴァッサー大学を設立しているという情報を入手し、単身、ポキプシーに移住しました。

すでに二六歳であったエレンは特別学生として第三学年に入学を許可されましたが、当時の社会には女性が高度な教育を享受することに賛成ではない風潮があり、服装や態度も制約され、学外での行動にも干渉され、授業も高度な内容ではなく、エレンは両親に「学校は十分に勉強させてくれません」と手紙を送付しているほどでした。しかし、彼女の能力は頭抜《ずぬ》けており、一八七〇年に首席で卒業し、学士の称号を授与されます。

一九世紀に創設された名門大学

エレンが大学で勉強していた一八六〇年代はアメリカの巨大な転換時期でした。一八六五年に南北戦争が終戦となり、社会での女性や黒人の地位向上運動が芽生えはじめたのですが、教育や研究の分野の解放は進展していませんでした。そのためエレンは卒業したものの教職の仕事もなく、父親の仕事を手伝う生活をしていました。そこでボストンの化学薬品会社に就職の相談をしたところ、新設のマサチュセッツ工科大学（MIT）

に打診することを推奨されました。

アメリカ東部のアイヴィ・リーグと総称される名門大学の大半は一八世紀に創設されていますが、ＭＩＴは一八六〇年代に創設されたばかりでした。そこでエレンはＭＩＴに入学許可の依頼の手紙を送付したところ、一八七〇年一二月に化学学科に特別学生として学費も免除して入学を許可するという返信が到達しました。こうしてエレンは自然科学分野の大学に入学した世界最初の女子学生になったのです。

大学でただ一人の女性としての生活では、服装や態度を目立たないようにするなど数多くの苦労がありました。そのような日常の連続から体調不良になってしまい、短期の帰省をしますが、そこで悲劇が発生しました。実家に到着した直後に父親が列車にはねられて死亡してしまったのです。そこで病弱の母親の世話をするため、ボストンから六〇キロメートル西方のウースターにある実家と往復して研究生活を継続しました。

新設のＭＩＴに入学

エレンがＭＩＴに入学を許可された前年の一八六九年にアメリカでは最初となるマサ

チュセッツ州保険局が設立されます。イギリスからの第二の移民とされるピルグリム・ファーザーズの人々が帆船メイフラワーでボストンの南側五〇キロメートルの海岸にあるプリマスに到着してから二五〇年が経過した時期ですが、すでに現代の環境汚染という言葉で表現される問題が発生していた状況を反映した行政の行動です。

その設立趣旨に「自身の職務を遂行するためには人間の身体的本性、倫理的本性、知性的本性を別々に分離して対処することはできない。これらは相互に作用しており、どれかに危害をもたらす影響は他者にも危害をもたらす」という文章がありました。農業が産業の中心であったマサチュセッツ州内にも多数の工場が立地し、人口も急速に増加していたため、河川や湖沼《こしょう》の汚染が住民の生活に影響する事態になっていたことを反映した文章です。

この州保健局の設立趣旨がエレンの研究の将来を決定することになりました。州保健局はMITのW・R・ニコルズに州内の湖沼の水質検査を依頼しました。当初、ニコルズは女性の入学に反対の立場でしたが、調査の手助けに適切な人材を探索した結果、エレンが最適の人材であることを発見し助手に採用します。ニコルズが先進のヨーロッパの技術の調査に出張している期間も、エレンは単独で調査をし、成果を蓄積していきます。

エレンとロバート夫妻（1904）

一八七三年にニコルズが議会に提出した報告には「分析作業の大半はミス・エレン・スワローによって実施され、その結果が正確であることは彼女の貴重な援助に依存していることを報告する」と記述されています。このような彼女の活躍により、MITでは環境科学が活発になり、空気の汚染や土壌の汚染を研究する学者が登場し、後者の中心が鉱物学者ロバート・H・リチャーズ教授で、一八七五年に二人は結婚することになります。

エレンには数多くの業績がありますが、専門分野ではバナジウムの単離があります。バナジウム（原子番号二三）は一九世紀に発見された元素ですが、リチャーズがバナジウムの含有が不明な鉱石からバナジウムを単離する実験をエレンに依頼したところ、わずか〇・〇二％しか含有していない元素の単離に成功し論文を執筆しました。彼女の卒業したヴァッサー大学はこの業績を評価し、唯一授与できる文学修士の称号を授与しました。

アメリカでも女性の高等教育への参加が次第に社会で議論されるようになり、その運動を推進していた作家のT・W・ヒギンスンが一八七三年六月にボストンで「女性の高等教育」という講演をし、さらにアメリカ女性教育協会の集会でも同様の議論がなされ、それを象徴する人物としてエレンはMITから理学の学士の称号を授与されました。これはMITとしても、アメリカの大学としても自然科学分野の女性学士の最初でした。

ホーム・エコノミクスを展開

大学は卒業したものの博士の学位を取得できなかったため教授として就職する機会がなく困惑していたエレンにMITは無給ではあるが大学で研究を継続できるようにしました。そこで三一歳になっていたエレンは、これまで学費免除で教育と研究の機会を付与してくれた大学や社会への恩返しを決意します。その一部として一八七三年にボストン女子高校で一六人の女性に化学を教育する活動を開始し、エレンは授業を担当します。

このような活動の効果により社会では女性が高等教育を享受できる機会を創設する機運が高揚し、一八七六年にMITは化学の特別学生は性別に関係なく入学できると決定し、世界最初の女性のための科学研究所も創設され、実質の運営をエレンがすることになりました。さらに七八年には特別学生という制度も撤廃され、全米から入学してきた女子学生は卒業して全米に離散し、各地で化学部門の男女共学を実現していくことになります。

前述のように一八七五年に結婚したR・リチャーズとE・スワロウの自宅は多数の友人や学生が集合する場所となり、次々と交友を拡大していきました。そのような友人関係からホーム・エコノミクス（家政学）という概念が誕生し、一八九九年にレイク・プラシッド会議が開催され、エレンは議長に就任します。これは以後毎年開催され、その成果として一九〇八年にアメリカ家政学会が設立され、伴侶のリチャーズが初代会長に就任します。

エレンが追求してきた環境問題とホーム・エコノミクスが関係あることを疑問とされるかもしれませんが、これは語源を解明すれば理由が理解できます。ドイツの環境学者

E・ヘッケルがギリシャ語の家屋を意味する「エコ」と学問を意味する「ロゴス」を合成した造語「エコロジー」が環境学で、秩序を意味する「ノモス」と合成した造語「エコノミー」が経済学ですから、ホーム・エコノミクスは言葉が重複しているものの齟齬のない言葉です。

地球規模の環境問題が経済や政治の対象になっている現在からすれば、エレンの提唱したホーム・エコノミクスは近視眼的な印象かもしれませんが、巨大な問題も各人の努力の集積でしか解決できないとすれば、ホーム・エコノミクスは大変に重要な学問であることが理解できます。学生時代には熱望しながら博士の称号は授与されませんでしたが、一九一〇年に名門のスミス大学から名誉博士の称号を授与され、翌年、自宅で死去しました。

近代日本の女子教育に尽力した

下田歌子

（一八五四―一九三六）

女性が活躍しはじめた明治時代

明治時代というと男性が活躍した時代という印象です。実際に政治も行政も経済も歴史に名前が記録されている人物の大半は男性であることは間違いありません。しかし明治時代の前半は西南戦争、日清戦争、日露戦争などが頻発した社会情勢の影響で男性の活躍が目立ちますが、天照大神《あまてらすおおみかみ》を代表として日本では女性が古代から活躍しており、明治時代も後半になり社会情勢が安定してくると次第に社会で活躍する女性が登場してきます。

潤野《うるの》炭鉱を買収、加島銀行や大同生命を創業、日本女子大学を創設した廣岡浅子（一八四九－一九一九）、鈴木商店を再興、神戸女子商業の設立を支援した鈴木よね（一八五二－一九三八）、六歳でアメリカに留学、津田塾大学を創設した津田梅子（一八六四－一九二九）、吉本興業を創業した吉本せい（一八八九－一九五〇）などは有名ですが、歌人として活躍、女子教育を振興して実践女子大学を創設した下田歌子も傑出した女性でした。

幼少から能力発揮

歌子は幕末の一八五四（安政元）年に美濃国恵那郡岩村藩（岐阜県恵那市岩村町）の藩士平尾鍒蔵《じゅうぞう》と房子の長女として誕生し、鉐《せき》と名付けられました。祖父も父親も尊皇の立場であったため、明治維新まで祖父は越後高田に幽閉、家督を継承した父親は自宅で蟄居謹慎とされるなど一家は不遇でした。このような失意と貧困の境遇でしたが、両親と祖母は鉐を厳格かつ熱心に教育した結果、鉐は心豊かな女性として成長していきます。

その効果を象徴する逸話がいくつもあります。六歳のときに鉐が玩具の小銭を一生懸命貯蓄するようになったので、祖母が理由を質問すると、この金銭を役人に手渡して父親を赦免してもらうのだと返答したということです。また中国の『二十四孝』という書物に両親が蚊に刺されるのを防止するため子供が裸になって自分に蚊を集めたという逸話があり、それを学習した鉐は母親や祖母のために同様のことを実行したという逸話もあります。

さらに祖母による俳句や漢詩や和歌などの教育の効果もあり、五歳のときに「元旦は

／どちらを向いても／お芽出たい／赤いべべ着て／昼も乳飲む」という和歌を創作しています。社会の動向にも敏感で、一八五八（安政五）年に欧米五カ国と修好通商条約を締結した大老の井伊直弼に不満をもつ武士が安政七年に井伊を暗殺する事変が発生したとき、その情報を入手した鉐は「桜田に思い残りて今日の雪」という俳句を記録しています。六歳のことです。

皇后の女官に出世

明治維新となって一家の立場は好転し、一八七一（明治四）年に祖父と父親は明治政府に出仕することになり、一六歳であった歌子も一緒に上京します。この道中でも芸術の能力を発揮し、美濃から三河への国境にある三国山越えをするとき「綾錦／着て帰らずば／三国山／またふたたびは／越えじとぞ思う」という和歌を記録しています。東京で立派に成功しなければ帰郷はしないという決意を表明した内容で、現在、山頂には歌碑が建立されています。

東京では漢籍や古典は祖父から、和歌は八田知紀《はったとものり》などから指導され能力を向上させていきますが、それらの人々の推挙により歌子は明治天皇の皇后に仕える女官に推挙されます。そのときの覚悟を表現した和歌が「敷島の／道をそれとも／わかぬ身に／かしこく渡る／雲のかけはし」でした。このような才能を皇后に評価され「歌子」という名前を下賜《かし》され、さらに皇后の学事に陪席も許可され、その結果、多数の人々との親交が進展していきました。

二五歳になった一八七九（明治一二）年に歌子は剣客として有名な丸亀藩士であった下田猛雄《たけお》と結婚し、宮中から退出します。しかし猛雄が病気になり生活に苦労しますが、歌子の宮中での活動が上流社会に伝播しており、子女教育の人材を探索していた政府高官が注目します。そこで歌子は政府要人の支援により「桃夭女塾《とうよう》」を開設し、上流階級の子女の教育を開始します。桃夭は桃の若木のような女性を育成することを表現した言葉です。

一八八四（明治一七）年に猛雄が死亡しますが、翌年、皇后の意向により上流階級の子女の教育のための「華族女学校（学習院女学部）」が創設され、歌子は教授に任命され、さらに翌年には学監となって校長を補佐することになりました。しかし一方で困難にも直面します。弟に出版会社を開業させ、自身で編集した『小学読本』を出版しますが、ある議員の画策により学校での採用を拒否され膨大な借金を背負ってしまったのです。

欧米に視察旅行

そのような苦労もありましたが、一八九三（明治二六）年に明治天皇の皇女である常宮《つねのみや》と周宮《かねのみや》の両内親王の御養育主任佐々木高行から皇女教育のために欧米の教育事情を視察する役割を拝命します。同年九月に横浜から出航し、最初にイギリスのブライトンで語学学校に通学して英語を学習し、一二月にロンドンに移動します。そこでヴィクトリア女王の女官であるE・A・ゴルドン夫人に出会い、女王の孫娘たちの教育の状況を視察します。

本来は皇女の教育の状況を視察することが目的でしたが、一般の女子の教育にも関心があり、翌年にはチェルトナム女子大学やケンブリッジ大学付属のニューナム女子大学、さらには女子教員を養成することを目的とするケンブリッジ訓練大学、それらを卒業した学生が進学するケンブリッジ大学付属ヒューズ大学などを次々と視察するとともに、スコットランドの湖水地方、フランス、ドイツ、イタリア、オーストリアなどにも旅行します。

イギリスに滞在している期間にはバッキンガム宮殿でヴィクトリア女王に拝謁する機会がありました。当初、そのような予定はなかったため礼装のドレスの用意がありませんでしたが、日本で宮中に参内するときに着用していた袿袴《うちきはかま》を持参していたので、それを着用したところ、日清戦争開戦の直前でイギリスでも日本への関心が高揚していた時期でもあり、日本古来の礼装であると評判になりました。

ヨーロッパからアメリカに移動し、アメリカ大陸を横断して帰国します。この視察の結果、国家の発展のためには上流階級だけではなく一般庶民の学校教育も重要であることを痛感するとともに、その内容も女子を対象とした教養科目だけではなく専門科目も重要であり、知育や徳育とともに体育も必要であることを確信するようになります。このときの経験が後述するように自身で女子のための学校を創設する動機となります。

自身で女子学校を創設

帰国した歌子は一八九六（明治二九）年に二人の内親王教育掛に任命されますが、いくつかの面倒に巻込まれます。まず侍従長徳大寺実則《さねつね》が歌子は欧米視察の期間にキリスト教徒になったのではないかと疑惑をもちますが、これは否定されました。さらに修学年齢になった常宮の教育方針について宮内省内で意見の対立が発生したため、二年が経過した一八九八（明治三一）年に自身の教育理念を遂行するため「帝国婦人協会」を設立し会長に就任します。

視察で実見した欧米の社会と比較して、当時の日本の社会では男女の格差がありすぎるため「日本が一流の大国となるためには大衆女子教育こそ必要」というのが協会の設立の意図でした。その目的を達成するため、翌年には東京市麴町区に本部を開設し、協会の事業として「実践女学校（実践女子学園）」と「女子工芸学校」を設立し、さらに新潟に「裁縫伝習所（新潟青陵学園）」、東京に「順心女学校（順心広尾学園）」を次々と創設していきます。

その意気は実践女学校規則の「本邦固有の女徳を啓発し日進の学理を応用し現今の社会に適応すべき実学を教授し賢母良妻を養成する」という言葉に表現されています。現在の風潮からは異論があるかもしれませんが、一二〇年前の社会では革命ともいうべき目標でした。さらに欧米視察の影響により、歌子は社会を国際視点から理解していまし

奥村五百子（1845-1907）

た。日清戦争が終了し、清国から多数の若者が留学してきますが、実践女学校は率先受入れてきたのです。

社会の支援に活動を拡大

これらの教育活動以外にも、歌子は様々な社会活動を実行しています。日清戦争が終了し、社会に多数の遺族や負傷した兵士が発生しました。それらの人々を救済するため、幕末に男装で尊王攘夷運動に活躍した女傑の奥村五百子が一九〇一（明治三四）年に「愛国婦人会」を創設しますが、歌子は設立に協力します。愛国婦人会は以後も日露戦争や第一次世界大戦の遺族救済だけではなく、関東大震災の救済や復興支援にも活躍します。

一九二〇（大正九）年に歌子は奥村の後継として会長に就任、婦人職業紹介所、保育所、授産所などを開設して女性の就業のための基盤を整備し、四年後には学校で勉強できない貧乏な勤労女性のため愛国夜間女学校を創設、さらに大日本実修女学会を設立して勉強の機会のない女性のため「実修女学講義録」を刊行して勉強できるようにしています。その活動範囲は日本の領土であった樺太、朝鮮、満州にまで拡大し、視察や講演をしています。

このように活動範囲は広範に拡大していきますが、もっとも注力したのは自身が最初に創設した実践女学校と女子工芸学校でした。その意気は「ときはなる／色も深めて／ことくさに／たちまさらなむ／やまとひめ松」という和歌に表現されています。

晩年は病気が悪化しますが、それでも学校では生徒に訓話をしたほど教育に熱心でした。一九三六（昭和一一）年に逝去しますが、最後の和歌が「まよひなき／正しき道は／見ず聞かず／言わずむなしき／空にみちたり」でした。

火星の観測に熱中した富豪

パーシヴァル・ローウェル

（一八五五—一九一六）

「宇宙戦争」の衝撃

日曜であった一九三八年一〇月三〇日午後八時から開始されたアメリカのＣＢＳ放送のラジオ番組「マーキュリー放送劇場」が突然中断されて臨時ニュースとなり、火星の知的生物が地球を襲撃してきたという緊迫した内容が放送され、アメリカ各地でパニックが発生しました。これは番組の制作を担当していた奇才の俳優で映画監督のＯ・ウェルズがＳＦ小説の元祖ともされるＨ・Ｇ・ウェルズの小説『宇宙戦争』（一八九八）を脚色した内容でした。

火星表面に探査装置が着陸して映像を送信してくる現在では発生しえない事件ですが、一九世紀後半にはイタリアのＧ・Ｖ・スキアパレッリ、フランスのＮ・Ｃ・フラマリオンなど著名な天文学者が火星表面に人工の運河を想像させるような模様があることを発表し、知的生命の存在についての賛否が騒々しくなっていました。そのような時期に専門の天文学者ではないものの、敢然と火星に挑戦した富豪パーシヴァル・ローウェルを紹介します。

日本を五回訪問したアメリカ人

イギリスでの新教への弾圧から逃避するため、一六二〇年冬に帆船メイフラワーで北米大陸に逃避してきたピルグリム・ファーザーズはアメリカ建国に貢献していますが、それから十数年後の一六三九年に渡米してきたのがローウェルの祖先です。以後、紡績をはじめ様々な事業を経営、ボストンを本拠とするアメリカ有数の富豪となります。今回紹介するローウェルの時代には学者も輩出し、弟はハーバード大学の学長、妹は有名な詩人でした。

ローウェルも一八七二年にハーバード大学に入学し、理系と文系の両方を専攻しますが、いずれの分野でも優秀な成績で卒業しています。しばらくヨーロッパ旅行をしてから、一族の事業の経営に尽力しますが、ある契機から日本に注目します。一族のJ・ローウェルの遺産で創設した「ローウェル協会」が東京大学の教授として日本に滞在し、大森貝塚を発見して有名なE・モースに日本についての連続公演を依頼したのです。

モースの講演は日本の国土から、言語、風俗、芸術、産業など広範な分野について紹介しており、その影響でローウェルは二八歳になった一八八三年から九三年まで日本を五回訪問し、足掛け三年滞在しています。しかし、モースの詳細な講演を聴講していたはずですが、ローウェルは著書に「日本の人々の両眼はネコのように吊上がっており、それが西洋の人々の精神とは異質であることの証拠である」という理解しがたい見解も記載しています。

その一方、日本で魅入られた地域もありました。一八八九年に来日したとき、日本地図に奇妙な形状の半島を発見し訪問します。能登半島でした。前年に直江津まで開通したばかりの信越本線で上野から直江津へ到着、人力車で高岡を経由して氷見へ到達し、越中と能登を連絡する重要な道路、現在の県道一八号線を徒歩で移動し、県境の標高三八七メートルの荒山峠に到着します。ここは能登半島が一望できる絶好の地点でした。

そこには一八八九年にローウェルが通過したという看板があり、帰国してから出版した『能登・未踏の日本の辺境』にある文章「二軒の茶屋があり、茶屋の内儀は愛想がよく繁盛していた」が紹介されています。能登に到着してからは人力車で和倉温泉に到着、翌日、二〇トンほどの汽船で七尾湾内を穴水まで航行、旅券の期限もあったため折返して能登街道を進行し、後半は立山温泉宿泊や天竜川下りなどをして一九日間の旅行を終了しています。

日本から火星への転換

しかし一八九三年の最後の日本旅行以後、ローウェルの関心は地上から天空に移行します。それには二種の天文学上の発見が関係しています。火星は約二年二ヶ月ごとに地球の軌道に接近し、さらに一五年から一七年に一回は通常の最短距離以上に最短になりますが、一八七七年の最短の時期に重要な発見がありました。第一の衝撃はアメリカの天文学者A・ホールが火星の二個の衛星「フォボス」と「デイモス」を発見したことです。

第二の衝撃はイタリアの天文学者でミラノ天文台長G・V・スキアパレッリが最短でも五六〇〇万キロメートル彼方の火星の表面を観測し、何本かの水路を描写した火星地図を発表したことです。この直線をスキアパレッリはイタリア語で「カナリ（川底）」と表現しましたが、英語で「キャナル（運河）」と翻訳されたため、人工の河川を構築するような高度な技術を所有する生物が存在するという大騒ぎになりました。

人工の運河の存在を確信したフランスの天文学者N・C・フラマリオンは地球より小型の火星は高温の状態から冷却される時間が短期であるから、生命が存在した期間が長期になり、地球よりも進歩している生物が存在する可能性大と考察し、運河は存在すると主張しました。この見解に賛同したのがローウェルですが、巨額の財産があるので、一般の学者とは相違して自分専用の巨大な望遠鏡を設置して観察するという大胆な行動を開始しました。

個人天文台の建設

まず天体観測に最適な場所をアメリカ国内で探索し、最後の日本旅行から帰国した翌年の一八九四年に空気の乾燥しているアリゾナの標高二一〇〇メートルの高地にある地方都市フラグスタッフを選定、望遠鏡を設置するドームを建設します。さらに自分の故郷であるボストンの会社に口径六一センチメートルの屈折式望遠鏡の製造を依頼し、完成した装置を鉄道でアリゾナまで輸送、九六年にローウェル天文台が実現しました。

屈折式望遠鏡の能力は対物レンズの口径が左右しますが、その前後では、一八八八年

自分の天文台で観測するローウェル

にサンフランシスコ東方のハミルトンにあるリック天文台に設置された口径九一センチメートル、九七年に完成したウィスコンシンのウイリアム・ベイにあるヤーキス天文台に設置された口径一〇二センチメートルが双璧でしたから、ローウェル天文台の個人専用の口径六一センチメートルの望遠鏡は、富豪の決意を表現する巨大な施設でした。

火星について書籍を出版

ローウェルは火星の運河の発見によって天体観測に熱中しはじめましたが、素地は十分にありました。一〇代半ばには、自宅の屋根から口径六センチメートルほどの望遠鏡で天体観測をして「火星の表面には緑色の斑点があり、極冠には氷雪が観察できる」と述懐していますし、ハーバード大学時代の恩師は解析力学や天体力学が専門で、ローウェルも数学が得意であり、当時から宇宙にも関心がありました。その証拠に大学卒業の講演は「星雲仮説」という題名でした。

地球外生命体の存在を主張する見解は過去にも存在します。偉大な天文学者であるJ・ケプラーは死後に出版された『ソムニウム（夢）』（一六三四）で、月面に住人が存在すると記載していますし、フランスの博物学者G・L・ビュフォンも「地球にあてはまることは地球以外の惑星や衛星にもあてはまる。温度が適当であれば生命は出現する」と発言しています。そのような時期に火星に運河を発見という発表があれば、話題になるのは当然でした。

生活に心配のない富豪のローウェルは観測場所を決定した翌年の一八九五年には早々と『火星』という書物を出版します。そこでは火星の物理条件は生命の存在を否定するものではなく、水分の不足は明確であるが、知的生命は灌漑システムを構築しているはずであり、それが観測された運河であると記載し、さらに火星の重力は地球の四割程度であるから、火星の知的生命の身長は地球の人間の三倍程度であるとも推測しています。

ローウェルは火星の知的生命の容姿には言及しませんでしたが、人間の数倍の身長という見解に刺激されて誕生したのが作家のウェルズが一八九八年に発表した『宇宙戦争』でした。これは冒頭に紹介したCBSラジオの放送だけではなく、G・パルの映画『宇宙戦争』（一九五三）、S・スピルバーグの映画『宇宙戦争』（二〇〇五）などに影響し、細長い三本足の火星の知的生命が社会に定着していきました。

惑星Xの予測に成功

ローウェルは毎晩のように火星を観察してスケッチをしますが、当時としては巨大な口径のレンズを装備した望遠鏡でも地球の大気のゆらぎの影響で火星表面の細部の模様を観測するのには限界があり、かなりの訓練をした人間が識別できるかどうかという状況でした。そのような状況を背景にして批判をしたのが初代リック天文台長E・S・ホールデンで、世界最大の望遠鏡で観察しても運河などは発見できないと反論しました。

そこでローウェルは肉眼による観察ではなく写真撮影する方法を研究し、一九〇五年に運河らしき形状の撮影に成功してドイツの学術雑誌に発表しました。これは世界の話題になり、その成果も反映してローウェルは『火星と運河』という書物を出版します。しかし、その写真もスケッチと同様の曖昧さがあり、一九〇九年にウイルソン山天文台の口径一五〇センチメートルの望遠鏡が撮影した写真には運河は存在しませんでした。

ローウェルの火星についての成果は現在では完全に否定されていますが、能力を象徴する成果が存在します。天体力学が発展した結果、既知の惑星の影響のみで軌道を計算すると、実際に観測された軌道と整合しない場合があります。そこでフランスやイギリスの天文学者が既知の七個の惑星から計算し、第八の惑星の質量や軌道を予測しました。これは見事に的中し、一八四六年に予測された位置の付近で惑星が発見され海王星と名付けられました。

それでも観測と計算結果が一致しないため、さらに外側に未知の惑星の存在が予想され、何人もの天文学者が計算し、ローウェルも挑戦します。そして一九一五年に第九の「惑星X」の軌道を予測した一〇〇ページ以上の論文を発表しました。ほぼローウェルの予測のように一九三〇年にアメリカのC・トンボーが惑星Xを発見し、冥王星と名付けました。残念ながらローウェルは論文を発表した翌年の一六年にフラグスタッフで急逝していました。

交流電気を世界標準にした天才

ニコラ・テスラ

（一八五六－一九四三）

多数の人々が賞賛する天才

二〇二二年一月に資産総額で世界最高の金持になったE・マスクは電気自動車発売数で世界の首位にある企業テスラを創業した人物ですが、この社名はマスクが尊敬するテスラという人物の名前に由来します。アメリカには水素燃料電池を使用するトラックを開発しているニコラ・モーターという会社もあります。これも創業したT・ミルトンが有名な人物の名前を借用した社名ですが、両者を一体にした人物が今回紹介するニコラ・テスラです。

二〇一〇年七月一日に首都ワシントンにあるアメリカン大学で講演をしたオバマ大統領は世界各地から流入してきた多数の移民が今日のアメリカを構築したと前置きし、科学革命を実現したA・アインシュタイン、USスチールを創業したA・カーネギー、グーグルを創業したS・ブリンなどとともにテスラを賞賛しています。一九九九年には雑誌『ライフ』による「過去一〇〇〇年で重要な功績のある世界の一〇〇人」にも選定されています。

テニスの四大大会すべてで何度も優勝しているN・ジョコヴィッチは二〇一五年七月一〇日に「今日は絶対に忘れてはいけない偉大な人物の誕生日である。自分の希望をあきらめなかったニコラ・テスラ！」とツイートしていますが、理由はジョコヴィッチはテスラと同郷で、しかも二〇一三年には母国の紙幣にまで印刷されるようになった偉人だからです。その同郷の国家とはバルカン半島の内陸に存在する人口約七〇〇万人のセルビアです。

歴史に翻弄されてきたセルビア

東側のアナトリア半島、西側のイタリア半島の中間にあるバルカン半島は日本の一・八倍の面積に一〇以上の民族で構成される六〇〇〇万人が居住しており、半島に一部のみ領土を保有する国家も合計すると一二の国家が存在し、第一言語だけでも一〇種類が使用されているという複雑な地域です。この民族の坩堝《るつぼ》といわれる地域はイスラム教国とキリスト教国が対峙する場所でもあり、古代から数多くの国家が成立しては消滅する一帯でした。

その一国であるセルビアも現在まで複雑な歴史を経験しています。七世紀頃に現在の地域に進出し、中世にはセルビア王国が成立しましたが、一四世紀以後は約四〇〇年間、オスマン帝国に征服され独立できず、様々な国体を経由して第二次世界大戦後にユーゴスラビア連邦人民共和国の一部、一九九二年にユーゴスラビア連邦共和国の一部、二〇〇三年にセルビア・モンテネグロ連合となり、ようやく二〇〇六年にセルビア共和国として独立します。

渡米しエジソンの会社で仕事

一八五六年にオーストリア帝国の一部であったスミリャンでセルビア正教司祭ミルーチン・テスラの家庭に次男として誕生したのがテスラです。子供の時代から数学などに才能を発揮しており、七五年にオーストリアのグラーツ工科大学に入学し抜群の成績でしたが、父親が死亡して学費が支払えなくなり七八年に退学、八一年にブタペストの電信会社で勤務し、さらに翌年にパリのコンチネンタル・エジソン会社に就職します。

その時期にグラーツ工科大学で発想した誘導モーターを自力で開発しますが、ヨーロッパでは注目されなかったため、渡米を決意します。ほとんど金銭も所持せず、一八八四年六月にニューヨークに到着したテスラはエジソン電灯会社の求人広告を発見して応募したところ採用されます。当時、エジソンはニューヨーク市内に発電施設を建設し、近隣に電灯による照明のための電力を供給する事業を開始しようとしていました。

エジソンは直流を採用しており、交流を主張するテスラの意見には反対でした。意見の相違からテスラはエジソンの会社から退職しますが、実際は以下のような理由だとされています。すべて直流で装置を稼働させていたエジソンの工場を交流で稼働できるようにしたら五万ドルを支払うとエジソンが約束したので、テスラは見事に実現したのですが、エジソンは冗談だったと無視したので、テスラは退社したといわれています。

これ以後、テスラはエジソンを嫌悪し、一九一六年にアメリカ電気電子学会（ＩＥＥＥ）が「エジソン勲章」の贈呈を打診したときは固辞しています（翌年に受賞）。エジソンが死亡してからも『ニューヨークタイムズ』には「エジソンは数学の知識を軽視し、自分の直感のみを信用していた」と皮肉な意見を表明しています。

交流電気の供給に進出

テスラは生涯に約七〇〇の特許を取得していますが、最大の功績は交流電気を社会に浸透させたことです。琥珀などを摩擦すると帯電する摩擦電気は紀元前六世紀には発見されていますが、人間が電気を手中にしたのは一八〇〇年にイタリアの物理学者A・ヴォルタが電池を発明してからです。これは電圧が一定の直流電気ですが、一定の周期で電圧がプラスとマイナスに変化する交流電気を発生する装置を開発したのがテスラでした。

グラーツ工科大学で直流電気を発生させる装置で実験していたとき、回転部分と固定部分を接触させているブラシから発生する火花でエネルギーを損失していることに気付き、その回避のため、電流が一定の時間間隔で強弱を繰返し、それによってモーターが回転する多相誘導モーターを開発しました。反対に、このモーターを水力や蒸気で回転させれば、一定間隔で電圧が変化する電気を発生させることが可能になります。これが交流電気です。

テスラが多相誘導モーターを発明する以前、電気は直流で配電されていました。電力は電圧と電流の掛算ですが、電流が増加すると、送電のときに電流の二乗に比例する発熱のため損失が発生します。そこで電圧を高圧にして電流を低下させて送電すると損失は減少しますが、使用する末端では再度、電圧を低下させて配電することが必要でした。そのためエジソンが直流配電事業を開始した初期には一定の面積ごとに発電施設を建設していました。

そこでテスラはエジソンに交流による配電事業を提案しますが拒否されたため、エジソンの会社を退職し、一八八七年に交流配電の特許を取得してテスラ電灯会社を設立します。翌年にアメリカ電子工学学会で交流配電の実演をしたところ、感銘したG・ウェスティングハウスがテスラに一〇〇万ドルの研究費用を提供し、発電施設を建設した場合は発電能力に比例して特許使用料金を支払うという契約をします。

交流電気の普及に成功

交流の威力を社会に証明する機会が一八九三年に到来しました。C・コロンブスがアメリカ大陸に到達して四〇〇年を記念する「コロンビア大博覧会」がシカゴで開催され、会場の照明や動力に使用する電力供給の公募にウェスティングハウスとテスラは交流システムで応募し、直流システムで応募したエジソンを打破して採用されたのです。会場では発電装置も展示され多数の人々が未来の世界の一端を見物することになりました。

一八九五年には一般社会にも交流電力を供給するシステムが稼働を開始します。ナイアガラ瀑布の莫大な水力を利用する発電施設をウェスティングハウスが建設して世界の話題になったのです。この影響もあり、エジソンの会社も発電施設相互の送電には交流を利用するようになり、一九〇三年には新設されるアメリカの発電施設の大半がテスラの特許を使用する交流に移行していきます。しかし、しばらくしてテスラは独立します。

富豪になったテスラは自由に研究し、様々な発明をしていきます。一八九三年には無線で信号を送信するトランスミッターを発明、それを利用した無線操縦技術の特許を九八年に取得し、ニューヨークのマジソンスクエア・ガーデンで船舶模型の無線操縦を実演、一九二八年にはフリヴァーという名前の垂直離着陸機を発明するなど天賦の才能を発揮します。一九一五年にはエジソンとともにノーベル物理学賞の候補にもなっていましたが、受賞できませんでした。

前述の発明からも推察できるように、一八九〇年代以後のテスラの関心は無線技術であり、その代表は「世界無線システム」でした。これは電気を無線で送電する技術で、

ウォーデンクリフ・タワー

巨大な送電装置を建設して地球全体に電気を送電する構想でした。実際、一九〇二年にはニューヨークの大西洋岸のロングアイランドにウォーデンクリフ・タワーを建設して実験しますが、実用になりませんでした。しかもタワーは何者かに爆破されてしまいました。

奇人として生活した晩年

テスラの発明した技術も当時の一般の人々には奇想天外でしたが、テスラの生活も奇想天外でした。身長一八〇センチメートルの目立つ人間であるうえにベストドレッサーで、手袋やネクタイは新品を毎週使用し、ワイシャツもハンカチーフも一度しか使用しませんでした。さらに異常な潔癖さで、高級ホテルのレストランの自分専用の座席で食事をし、他人が使用するのは許可しませんでした。当然、いつも食事は一人で他人と一緒のことはありませんでした。

晩年のテスラの唯一の趣味はハトの飼育で、最初はニューヨーク市内の公共広場のハトにエサを提供していましたが、高級ホテルの部屋でも飼育するようになり、それが問題となってホテルを何度も移動しています。一九三七年に交通事故で怪我をしますが治療を拒否したため、外出も減少し、電話で他人と会話することもありませんでした。四三年一月八日にメイドが部屋をノックしますが返事はなく、だれにもみとられずに死亡していました。

テスラの発明した技術は軍事に転用できるものが多数存在していたため、第二次世界大戦中は敵国に流出することを阻止する必要がありました。そこでアメリカの軍部と連邦捜査局（ＦＢＩ）が極秘で保管し、大戦が終了してから複製を製作し、原本は母国セルビアに返還され、首都べオグラードのニコラ・テスラ博物館に保管され、二〇〇三年にはユネスコの「世界の記憶」に「ニコラ・テスラの記録」として登録されています。

津田塾大学を創設した女子教育の先駆者

津田梅子

（一八六四―一九二九）

米欧へ大使節団を派遣

一七世紀末期の名誉革命により近代国家になったイギリス、一八世紀後半の革命によって近代国家になったフランス、さらに独立戦争によって近代国家になったアメリカなどは、急速に世界各地に進出し植民地争奪戦を開始します。日本周辺にも一八世紀末期のロシアの艦船の出没を最初として、各国の艦隊が次々に登場しますが、その象徴がM・ペリーを隊長として四隻の艦船で一八五三年夏に浦賀に出現したアメリカの黒船来航でした。

その威容に彼我の格差を痛感した徳川幕府は西欧社会の実態を調査するため、一八六〇年に遣米使節、六二年に遣欧使節、六四年には遣仏使節、六六年に遣露使節、六七年には再度、遣仏使節を派遣します。しかし翌年に明治維新となり、一旦、海外視察は中断しますが、一八七一年には明治政府の重鎮である公家出身の岩倉具視を特命全権大使とし、使節四六名、随員一八名、留学生四三名の総勢一〇七名にもなる大使節団を米欧に派遣します。

著名な人々として、使節では初代総理大臣になる伊藤博文、維新三傑とされる大久保利通と木戸孝允（もう一人は西郷隆盛）、随員では西南戦争で自決する村田新八、釜石に日本最初の西洋高炉を建設する大島高任《たかとう》、五箇条の御誓文を起草した一人の由利公正《きみまさ》などがいました。留学生には明治政府で外務大臣などを歴任する牧野伸顕《のぶあき》、自由民権運動を指導する中江兆民などが有名ですが、五名の女性もいました。その一人が今回紹介する弱冠六歳の津田梅子でした。

岩倉使節団に参加した女性

梅子は津田仙と初子夫妻の次女として一八六四年に江戸の牛込南御徒町（新宿区南町）に誕生しました。ところが父親の仙は幕臣であったため明治維新とともに失職し、築地にできたホテルに勤務するとともに、東京の向島で西洋野菜の栽培などをして生計を維持しており、梅子も子供ながら農園の仕事を手伝っていました。ところが一八七一年になって仙が明治政府の北海道開拓使の嘱託に採用され、運命が転換しはじめます。

一八六九年に北方開拓のため設置された北海道開拓使は、当初は機能しませんでしたが、翌年に黒田清隆が東京在住のまま次官となり、札幌農学校などを設立し発展しはじめます。黒田は北陸戦争や箱館戦争で指揮をした軍人ですが、人間を見抜く眼力がありました。箱館戦争では旧幕府軍を指揮した榎本武揚《たけあき》の助命に尽力し、榎本は一旦入獄しますが七二年に放免され、明治政府で逓信大臣や文部大臣を歴任し、黒田の眼力を証明しています。

その黒田は女子教育が必要だという意見で、岩倉使節団に女子留学生を参加させるように手配します。そこで父親が六歳の梅子を応募させたところ五名の女子の一人として選抜されました。その背景には父親の仙が一八六七年に幕府がアメリカに注文した軍艦を受領するため、福澤諭吉などと渡米した経験があったからです。それ以外は永井繁子（一〇歳）、山川捨松《すてまつ》（一一歳）、吉益亮子（一四歳）、上田悌子（一六歳）でした。

現代でも外国に留学しようとすれば、それなりの覚悟が必要ですが、ほとんどアメリカの情報もない一五〇年前に、一〇代の女子が留学するのには大変な覚悟が必要でした。それを象徴するのが山川捨松という名前です。本名は咲子でしたが、母親が「捨てたつもりで留学させ、なにとぞ無事に帰国することを待つ」という気持ちで改名したということです。実際、上田は体調不良で、吉益は病気になったため翌年には帰国しています。

女子留学生：（左から）永井 上田 吉益 津田 山川

首都で勉学して帰国

一八七一年一二月二三日に一行は四五〇〇トンの汽船「アメリカ」で横浜を出発、翌年一月一五日にサンフランシスコに到着します。そこからは北米大陸を鉄道で横断してシカゴ経由で二月二九日に首都ワシントンに到着します。日本を出発してから七〇日後のことでした。梅子は日本弁務使館（現在の日本大使館）の書記で画家でもあったC・ランマン夫妻のワシントン郊外ジョージタウンにある家庭で生活することになります。

前述のように上田と吉益は一〇月に帰国しますが、梅子はランマン夫妻の家庭からジョージタウン市内にあるコレジエト・インスティチュートへ通学して初等教育を修了し、一八七八年からは私立の女子中学であるアーチャー・インスティチュートへ進学します。その過程でキリスト教に興味を抱くようになり、八歳になった七三年にはフィラデルフィア近郊の特定の宗派に帰属しない独立教会で洗礼を受けています。

渡米してから一一年が経過した一八八一年に開拓使から派遣された三名の女性に帰国命令が到着しますが、梅子と捨松は在学期間が終了する翌年までアメリカに滞在、一八八二年七月に卒業して一一月に日本に帰国しました。しかし、当時の日本では、アメリカで習得した知識を活用できる職業もなく、山川は陸軍大将になる大山巌と、永井は海軍大将となる瓜生外吉《そときち》と結婚しますが、二人とも梅子とは生涯の親友でした。

再度アメリカへ留学

六歳で外国に旅立ち、一一年間も日本を留守にしていた梅子は日本に英語で手紙を送付していたほど日本の言葉も十分に習得しておらず、日本の風習にも不慣れであったため、適切な仕事に就職できませんでした。しかし、一八八三年に、ある夜会で岩倉使節団の船内で面識のあった伊藤博文に再会し、下田歌子という女性を紹介されます。歌子は宮中の女官でしたが、八二年から政府高官の夫人を教育する桃夭女塾を自宅で開講していた女性です。

そこで桃夭女塾で英語の教師として勤務するとともに、伊藤の英語指導や通訳としての仕事をしていました。さらに八五年には学習院女学部から独立して設立された華族女学校の英語の教師として勤務しますが、上流階級の気風に馴染まなかったうえ、年頃になったために何度ももたらされる縁談にも興味がなく、生涯未婚を決意するとともに、いずれは日本女性の地位を向上させる学校を設立したいという意欲を醸成していきます。

そのような時期に来日した留学時代の友人A・ベーコンに刺激され、再度の留学を目指し、華族女学校の西村茂樹校長から許可を取得します。この西村も人物であり、一八二八年に佐野藩堀田家に誕生して藩校で勉強、ペリー艦隊来航のときには老中阿部正弘に海防政策を提言しています。明治になってからは教育制度の確立に尽力し、七五年から一〇年間は天皇と皇后に御進講もしていました。そのような背景から梅子の留学を許可してくれたのです。

そこで梅子は一八八九年にフィラデルフィア郊外にあるブリンマー大学に留学します。

この大学はアメリカ北部の名門女子大学七校の一校で、T・H・モーガン教授の指導により生物学を専攻します。翌年には「カエルのタマゴの発生」という論文を共著で執筆し、イギリスの学術雑誌に発表します。このモーガン博士は一九〇四年には名門のコロンビア大学に移籍し、一九三三年にはノーベル生理学医学賞を受賞している大物でした。

念願の女子大学を創設

これほど優秀であったため、ブリンマー大学は在学することを期待しますが、日本女性の地位向上のための教育という長年の目的を実現するため、当初の予定より滞在を一年延期したものの一八九二年に帰国しました。ただし、その期間にも女性の留学のための奨学基金を設立するために尽力しています。帰国して華族女学校に復帰する以外に、九四年には明治女学院講師、九八年には東京女子高等師範学校（御茶ノ水女子大学）教授を併任します。

シンクロニシティ（同時発生）という言葉がありますが、梅子が女性のための大学を創設しようとしていた時期に日本には同様の機運が醸成されていました。一八九〇年には前出の東京女子高等師範学校、一九〇〇年には東京女医学校（東京女子医科大学）、一九〇一年には日本女子大学校（日本女子大学）、一九一八年には東京女子大学、さらに一九一三年には東北帝国大学理科大学が女性の入学を認可するという具合です。

このような時期に、梅子は官職を辞任し、父親や大山捨松、瓜生繁子、A・ベーコンなど、アメリカで友人となった人々の手助けもあり、一九〇〇年に東京市麹町区一番町に和風の校舎を建設して「女子英学塾」を開校し、塾長となります。最初の入学者数は一〇名で、東京以外にも横浜、広島、群馬、鹿児島からも入学してきました。一九〇三年には校舎を麹町区五番町に移設し、第一回卒業式が施行され、八名が卒業しました。

明治時代の女子の学校では行儀作法が重視される校風が大半でしたが、梅子のアメリカでの経験を反映して「女子英学塾」では学問の習得が目標とされ、最初に入学した一〇名のうち八名しか卒業していないことが証明するように、きわめて厳格な教育を実施し、卒業するためには相当の努力が要求されました。この教育方針を徹底するためには運営資金などを外部に依存しないことが重視され、教師の確保や建物の建設費用の調達などの苦労は大変でした。

それらの心労もあり梅子の体調が次第に不調になり、創立から約二〇年が経過した一九一九年に塾長を退任し、鎌倉に隠居して闘病生活をします。しかし残念ながら六四歳になった二九年に生涯独身の人生を終了しました。それ以前の二三年の関東大震災で麹町区五番町の校舎は全焼し、偶然にも前年に土地を取得していた北多摩郡小平村（小平市）に移設し、梅子の死後、名称を「津田英学塾」とし、梅子の墓所も学内に設置されました。

二〇二〇年四月に津田梅子にとって吉報が発表されました。二〇二四年度に紙幣のデザインが変更され、一万円札は福沢諭吉から澁澤栄一、千円札は野口英世から北里柴三郎、五千円札は樋口一葉から津田梅子に変更されることになったのです。明治時代の壹圓札には神功皇后の肖像が使用されていますが、それ以後は二〇〇四年に発行された五千円札の樋口一葉に続いて女性として三人目の栄誉で、生誕一六〇年の記念すべき年の発行になります。

独学で乾電池を発明した

屋井先蔵

（一八六四－一九二七）

一八世紀に人類は発電技術を発明する

紀元前七世紀の古代ギリシャの記録に、松脂《まつやに》の化石である琥珀《こはく》を布切れで摩擦すると、空中の軽量の羽根などを吸着することが記載されています。古代ギリシャの言葉で琥珀はエレクトロンであったことから、これが電気を意味する言葉になりました。それ以後、人類は自然に存在する電気を観察するだけでしたが、一八世紀の最後になって自分で電気を発生させる装置を開発します。

イタリアの物理学者A・ヴォルタは一七九九年に希硫酸液に亜鉛板と銅板を挿入して両者を電線で結合すると、銅板から亜鉛板の方向に電流が発生することを実験で確認しました。人間が電気を手中にした瞬間です。しかし容器に貯留した液体では運搬に不便であったため、一八六六年にフランスのG・ルクランシエが溶液をゲル状態にした電池を発明しました。これが最初の「湿電池」です。

それでもゲル状態の溶液が浸出して不便であったので、一八八八年にドイツのK・ガスナーが改良し、溶液である塩化アンモニウムを石膏の粉末と混合し、溶液が漏洩しない電池を開発しました。これが一般には世界最初の「乾電池」とされています。日本では明治時代になりますが、その時期に、まったく独立に乾電池を発明した人物がいました。その人物・屋井先蔵《やいさきぞう》を紹介します。

没落した生家の再興を目指す

屋井先蔵は江戸末期の一八六四（文久三）年に越後国長岡藩の家禄三〇〇石の上級藩士の屋井家に長男として誕生しました。先蔵が幼少の幕末から明治にかけては戊辰戦争が発生した時期でした。当初、長岡藩は奥羽列藩同盟に参加せず中立を維持しようと新政府軍と会談しましたが、会談が決裂した結果、新政府軍と対戦する北越戦争が発生し、多数が戦死して財政も逼迫する事態になりました。

その影響で屋井家も家屋などを喪失し、さらに先蔵が六歳になった一八七〇（明治三）年に父親が死亡し、母親とともに叔父に庇護されることになりました。そこで家名を再興したいとの意志から、一三歳になった一八七五（明治八）年に東京へ出掛けて時計店の丁稚になりますが、病気になり残念ながら帰郷します。しかし先蔵が東京での就職で時計に関係する仕事を選択したのは、大変に懸命なことでした。

明治になり時刻の概念が変化する

現代では世界のどこでも一日を均等に割算して時刻を決定する定時法を採用していますが、江戸時代は日の出前の薄明の時刻を「明け六つ」、日の入後の薄暮の時間を「暮れ六つ」とし、その区間を六等分して一刻としていました。これは不便のようですが、電気照明もない時代には日の出とともに仕事を開始し、日の入とともに仕事を終了することになり、自然とともに生活する健康な時代でした。毎日変化する時間を表示する和時計は開発されていましたが高価であり、大名や豪商などが所有するだけでした。

ところが明治時代になり、明治政府は一八七二（明治五）年一一月に「改暦の布告」を発令し、深夜を午前◯時、一日を二四時間にする制度に変更しました。そうすると江戸時代のように太陽の高度で時刻を推定するのが困難になり、時計が必須の装置になりました。その社会の変化に反応し、先蔵が東京の時計店に奉公したのは流石でしたが、病気で帰郷し、地元の豪商が経営する矢島時計店に奉公します。

そこには舶来の高級な時計があり、その精緻な仕組みに魅入られ、その機構を応用した永久に作動する時計を発明しようと決意します。そこで矢島時計店での七年間の年季奉公を終了して二〇歳になった一八八五（明治一八）年に東京へ移動し、親戚の石黒忠《ただ》悳《のり》の屋敷に下宿させてもらいます。石黒は陸軍の軍医制度を創設し、自身も軍医総監となり、子爵にもなった明治時代の大物でした。

受験に遅刻し時計の発明を目指す

高度な機械の製作のためには知識が必要であると工部大学校（東京大学工学部）に入学しようとしますが、受験年齢超過のため受験できず、一八八五（明治一八）年に東京高等工業学校（東京工業大学）を受験しますが英語の成績で合格できず、翌年は遅刻で受験できなかったため、叔父の工場で仕事をしながら時計の研究をする決心をします。

この決心の原因が受験に遅刻したことでした。当時の日本には身近な場所に正確な時計がありませんでした。東京銀座の名物になっている四丁目角の和光の屋上にある大時計塔も一八九四（明治二七）年に登場したものであり、懐中時計は高価で庶民が入手できるものではありませんでしたし、現在ほど正確でもありませんでした。その結果、先蔵は試験に五分遅刻してしまったのです。

さらに当時の時計はゼンマイを動力としていましたから、一日に何度もゼンマイを巻上げる必要もありました。この経験から、先蔵は正確な時計がどこにでもある社会を目指して、ゼンマイを動力としない多数の時計が連動する装置を発明しようと決意したのです。そのため玩具製造会社に日給三五銭の職工として就職し、帰宅してから深夜まで毎日の睡眠時間が三時間弱という熱心さで研究します。

発明した電気時計の電池を改良する

その途中で東京物理学校（東京理科大学）の職工として採用されたため、学校の学者にも相談しながら、一八八九（明治二二）年に「電気時計」の特許を出願し、二年後に特許一二〇五号として成立しました。これは多数の電気時計が連動して作動する技術でしたが、電気に関係する特許としては日本最初でした。素晴らしい装置でしたが時計を作動させる電源に問題がありました。

前述したフランスで発明された湿電池を電源としていたのですが、時々、内部の液体を補充する必要があるとともに、電極の金属の表面も掃除しなければならなかったので

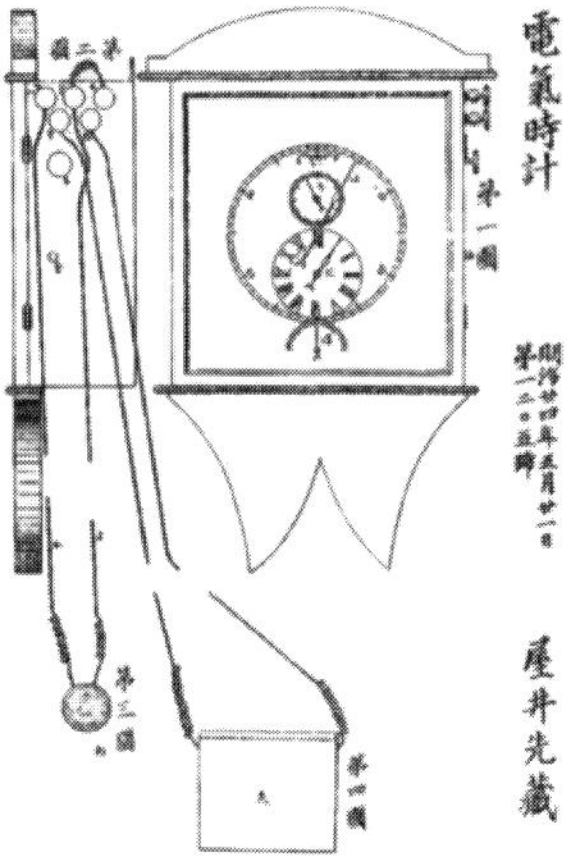

電気時計の特許（1891）

す。さらに冬期には液体が凍結して使用できなくなるという欠点もありました。このような不便な電源では折角の電気時計も普及しないと判断した先蔵は湿電池ではない電源を開発しようと決意します。

そこで東京市下谷御徒町（東京都台東区台東）の長屋に実験に使用する部屋を確保して次々と実験し、漏洩の原因となる溶液を用紙に浸透させ、外部を包装して全体を封印する電池を発明します。時期は明確に記録されていませんが、一八八七（明治二〇）年頃ではないかと推定されています。これは前述のように、ドイツのガスナーが乾電池を発明した一年後のことになります。

ところが先蔵が「乾電池」として特許を出

願したのは五年後の一八九二（明治二五）年のことでした。当時は昼間の職工としての仕事の給料しかない貧乏生活のため特許申請費用が工面できなかったのと同時に、乾電池による収入が期待できないので躊躇していたとも推測されます。もし発明と同時に特許を出願して認定されていれば、世界の歴史に屋井先蔵の名前が記録されたかもしれません。

発明した乾電池が戦争で活躍する

ところが意外なことで、先像の乾電池が世界から注目されるようになります。一八九三年にコロンブスがアメリカ大陸に到達して四〇〇年を記念して、シカゴでコロンビア大博覧会が開催されました。日本政府は日本の先端科学技術の一例として東京大学の大森房吉教授が発明した地震計を展示しましたが、その電源として先蔵の乾電池が使用され、地震計とともに乾電池が話題になったのです。

しかし同年にアメリカから日本に輸出されてきた乾電池は博覧会場に展示されていた先蔵の製品の模倣でした。そこで先蔵は対抗するため、生産数量を拡大して「屋井乾電池」の販売を開始しますが、当時は電灯が普及しはじめた直後で、乾電池を使用する電化製品など皆無の時代で需要はほとんどなく、商売は頓挫してしまいました。

ところが翌年の一八九四（明治二七）年に、突然の幸運が到来しました。日清戦争が開戦し、帝国陸軍から大量の注文が到来したのです。戦地では懐中電灯や通信機器の電源として湿電池を使用していましたが、多数の兵士が凍傷になるほどの寒冷地帯のため、湿電池の溶液が凍結して使用できないということが判明したのです。そこで凍結しない乾電池の需要が発生したという経緯です。

先蔵は昼夜兼行で生産し、突然の大量注文に対応して納入しました。この苦労は大変な効果をもたらしました。帝国陸軍の勝利を報道する号外が東京の街頭で配布されたのですが、そこに戦場での通信機用に湿電池と乾電池が使用されたが、湿電池は凍結して役立たなかったものの、屋井乾電池は見事に作動し、勝利に多大の貢献をしたと記載され、翌日の新聞にも同様の内容が紹介されました。

屋井の業績が二一世紀に評価される

突然有名になった屋井乾電池の需要が一気に増大するようになったため、先蔵は一九一〇（明治四三）年に「合資会社屋井乾電池」を設立し、東京の浅草と神田に生産工場を新設して生産を拡大するとともに、神田には販売組織を開設します。さらに密閉式乾電池や重層式乾電池など新規の製品も次々に開発し、海外からの模倣製品を圧倒し、日本の市場を独占していきました。

さらに関東大震災後には東京の神田に自邸と本社を一体にした立派な建物を建設し、世間では「乾電池王」という名前で通用するようになりました。しかし、丁稚奉公時代から睡眠時間も節約して仕事をしてきた疲労が蓄積して胃癌となり、一九二七（昭和二）年に六三歳で急逝しました。しかも突然の逝去で後継が育成されていなかったため、戦後の一九五〇（昭和二五）年に会社は消滅してしまいました。

この日本では忘却されていた名前が二〇一四年になって突然、有名になりました。アメリカの電気・電子・情報分野の学会であるアメリカ電気電子学会（ＩＥＥＥ）が屋井先蔵により乾電池が発明された一八九三年を「日本の一次・二次電池産業の誕生と成長」という歴史的記念年と認定し、それを記載した銘板を日本国内の関係組織に贈呈してくれたのです。明確な目標と果敢な行動があれば物事は成功する手本です。

最初にチベットに到達した日本人

河口慧海

（一八六六―一九四五）

チベットの複雑な歴史

世界の屋根ヒマラヤ山脈の南側斜面にはネパール、ブータンが存在し、一九七五年まではシッキムも存在していました。一方、北側には面積が日本の六倍もあり標高の平均が四五〇〇メートルにもなるチベット高原が展開しています。一帯の年平均降雨量は約四〇〇ミリメートルという乾燥地帯で旅行が難渋するため、七世紀に玄奘《げんじょう》三蔵が仏教原典の入手のためインドを目指した旅行ではチベット高原を回避して移動しています。

このチベット高原は七世紀から九世紀までは仏教を国教とする吐蕃《とばん》王朝が支配して、立派な寺院が数多く建立され、仏教経典のサンスクリット原本から翻訳した大量のチベット仏教経典も制作されました。一三世紀になるとモンゴル帝国の侵攻があるなど栄枯盛衰がありましたが、一七世紀になって、如来や菩薩などの化身として登場したとされるダライ・ラマを信仰する政権が登場し、チベット高原の大半を支配するようになります。

しかし一七世紀に成立した清朝はダライ・ラマ政権の内紛を契機にチベットを支配しはじめますが、二〇世紀初頭に清朝が崩壊すると、再度、ダライ・ラマ政権が復活します。しかし一九四九年に成立した中国人民共和国はチベットへ侵攻を開始し、一九五九年にダライ・ラマ一四世は亡命してインドに亡命政府を樹立することになります。このような歴史のあるチベットに、明治時代、単身で探検に出向いた河口慧海《えかい》を紹介します。

勉強熱心であった若者

慧海は幕末の一八六六（慶応二）年に、現在の大阪の堺市で桶樽を製造していた職人の河口善吉と常子を父母として誕生しました。子供の時代から勉強熱心で六歳から寺子屋清学院で勉強し、さらに新設の泉州第二番錦西小学校に通学、以後は家業を手伝いながら私塾で漢籍を学習し、アメリカ人宣教師から英語を習得するなど努力していました。二〇歳になったときに京都の同志社英学校に通学しますが、学費が支払えず帰郷します。一八八八年に堺市立宿院小学校の教員に採用されますが、さらに勉強するため東京に移動し、井上圓了《えんりょう》が前年に創設した哲学館（東洋大学）で苦学しながら勉強し、九〇年に東京本所の黄檗宗《おうばくしゅう》五百羅漢寺で得度します。九二年には哲学館を卒業し、一旦は大阪に帰郷して妙徳寺の僧侶となり、そこで熱心に勉強した甲斐があり五百羅漢寺の住職になりますが、それに満足せず、仏教の原典を入手するため、チベットを目指そうと決意します。

鎖国状態のチベットを目指す

当時のチベットは厳重な鎖国状態にあり、入国は容易ではありませんでしたが、とにかく一八九七年六月に神戸から出航し、シンガポールを経由してイギリス領植民地であったインドのカルカッタ（コルカタ）に到着しました。そこでインドの独立運動の闘士であり、後年、日本と密接な関係になるスバス・チャンドラ・ボースに出会い、その紹介でダージリン在住のチベット言語学者サラット・チャンドラ・ダースを紹介されます。

そこで現地の学校で正式のチベットの言葉を習得し、同時に下宿した家庭の家族から俗語も勉強して準備をします。チベットへ入国するためにはヒマラヤ山脈を横断する必要がありますが、いくつかの経路のうち、ネパールを経由する経路を選択します。一八九九年一月に出発し、まず釈迦が成道したブッダガヤに参詣しました。そこの僧侶から釈迦の舎利を納入した銀製の容器と経文一巻をチベットのダライ・ラマ法王に手渡すよう依頼されます。

二月にはネパールの首都カトマンズに到達し、チベットへの間道を探査しますが、冬期であるうえ厳重な警備で通過できそうにありませんでした。そこで国境付近の集落に滞在し、チベット仏教を勉強しながら待機しました。翌年六月にチベットを目指して出発し、七月に間道を利用して国境の通過に成功してチベットに入国します。各地の聖地を巡回しながら、ついに一九〇一年三月に首都のラサに到達しました。二年以上の旅程でした。

この旅行が想像できないほど困難であったことは帰国してから出版した『西蔵旅行記』にも紹介されています。足元は現在のような登山用靴があるわけではなく草履という貧弱な装備、一帯は凶暴なユキヒョウが出没する危険地帯、飲水はボウフラがウヨウヨしているような溜水、焚火をすればカムという強盗を生業としているような少数民族が出没、帯同している人夫も強盗に豹変する場合もあるという極限状態の旅行でした。

旅行の途中で吹雪になったとき、テントで宿泊している何組かの人々に出会ったのですが、同宿されてくれそうにもありませんでした。そこで慧海は、このような人々も仏教を信心すれば改心するかもしれないと、一心に読経をしたところ、呪術をかけられて

ラサの遠望（『西蔵旅行記』）

いると誤解した家族が同宿をさせてくれたという逸話もあります。このような苦労をしながら標高数千メートルの高地を旅行して、ようやく標高三七〇〇メートルにあるチベットの中心都市ラサに到達したのです。

危険を察知して脱出

日本人では入国が許可されないので中国人を名乗っていましたが、入国してからはチベット人の僧侶に変身、ラサで第二の規模のセラ寺院の大学に僧侶として入学し、複雑な生活をすることになります。その期間に、脱臼した人間を治療したところ医者として評判になり、次々と患者が到来するようになりました。そこで民衆からセラ・アムチー（セラ寺院の医者）と名付けられ、ついにダライ・ラマ一三世に謁見が許可されるまでになります。

その結果、法王の侍医になることを打診されたり、政府高官の家族を治療して懇意になったりして、あまりにもラサで有名になってきたため、すでに慧海の素性が市内で噂話になりはじめてきました。そこで急遽ラサからの脱出を決意します。収集した仏典を別送する手配をしてから、一九〇二年五月にインドへの脱出を敢行します。脱出の経路はブータン経由の間道、ネパール経由の間道もありましたが、あえて五重の関所のある公道を選択しました。

関所の通過には通常一週間近くの日数が必要でしたが、それでは追手が到着してしまうので芝居が必要でした。そこで慧海は関所の役人に「自分は法王の秘密の指令でカルカッタを目指している。関所で時間がかかるのは仕方がないが、時間がかかる理由を文書にしてほしい」と要求したところ、役人は早々に厄払いをしたいと通過させてくれました。このような大胆な手口で無事にカルカッタに到着しました。

ところがインドに到着直後、チベットから帰国した商人がラサでは慧海と交際していた人々が次々に投獄されていると伝達します。そこで慧海はネパールに出掛け、ネパール国王からダライ・ラマ一三世に寛大な処置を要請する親書の送付を依頼します。これにより問題が解決しただけではなく、ネパールから大量の経典を贈呈されました。このような問題はあったものの、慧海は出発から六年が経過した一九〇三年五月に神戸に帰還しました。

世界が注目していた中央アジア

帰国した慧海はチベットでの経験を新聞に発表したところ、大変な話題になりますが、現在のように世界の情報が簡単に入手できる時代ではなかったため、半信半疑という社会の反応もありました。西欧社会でも中央アジアは未知の地域でしたから、開国して三〇年余という日本では当然の反応でした。そこで翌年、探検の内容を『西蔵旅行記』として出版します。これは五年後にロンドンで『チベットでの三年』という題名で英訳されています。

当時、西欧の人間で中央アジア一帯を探検したのはスウェーデンの地理学者スヴェン・ヘディンでした。一八九三年から九七年にかけてロシアのウラル山脈からタクラマカン砂漠を横断して北京に到着、九九年から一九〇二年にかけてはチベット高原の北部を探検して古代都市楼蘭《ろうらん》の遺跡を発見、さらに〇五年にはチベット高原の中央部分を探検などして、チベット仏教の第二の地位にあるパンチェン・ラマにも面会しています。

この時期に同一の地域を探検したのが浄土真宗本願寺派の第二二代法主大谷光瑞《こうずい》が主導した大谷探検隊です。一九〇二年の光瑞を隊長とする第一次探検隊から一〇年の第三回探検隊まで足掛け一二年間にチベット高原の北側のタクラマカン砂漠を中心に探検し、数多くの遺跡の発見と文書の収集をしています。ヘディンは西欧にとって未開の土地の探検が目的でしたが、日本の探検は慧海も光瑞も仏教の原典を入手することでした。

河口慧海の探検の目的

帰国した翌年、短期でインドを訪問、一九一三年にはチベットを再訪して一五年まで滞在しますが、それ以外は仏教についての研究と著述に没頭します。また在俗の生活のまま仏道に帰依する在家仏教を推奨し、二一年には自身の僧籍も返上しています。さらに仏教関係のいくつかの大学が合併して二六年に設立された大正大学の教授としてチベットの研究を継続し、晩年は『蔵和辞典』の編集に没頭し、戦争末期の四五年二月に東京で逝去しました。

慧海が大谷探検隊のような強力な組織の支援もなく入国の危険のあるチベットへ無謀ともいえる単独潜入した理由は『西蔵旅行記』の冒頭に記載してありますが、本物の仏典から仏教の本義を理解したいということでした。そのためには中国で漢語に翻訳されて日本に伝来してきた仏典ではなく、仏陀の本来の思想が記載されている梵語（サンスクリット）の原典かチベット語訳の仏典を入手することが必要であるという確固たる信念でした。

冒頭にも説明しましたが、第二次世界大戦後、中国がチベットに侵攻し、一九五九年にダライ・ラマ一四世がインドに亡命政府を樹立した結果、六六年に中国は西藏自治区を発足させ、ウイグルと類似の少数民族の言語や宗教など文化の破壊を進行させてきましたし、大陸間弾道弾発射基地や放射性廃棄物投棄場所も設置しています。慧海の情熱を想起し、世界で第四の宗教人口をもつ仏教の原典を継承してきたチベットに関心をもつ時期です。

地震研究の基礎を構築した

大森房吉（一八六八―一九二三）
今村明恒（一八七〇―一九四八）

今村明恒

大森房吉

社会に騒動をもたらした新聞記事

一九〇六（明治三九）年一月一六日の『東京二六新聞』に「今村博士の説き出せる大地震襲来説―東京市大罹災の予言」という見出しの記事が掲載されました。この年は丙午であり、これまで一六〇五年の慶長地震、一六六六年の寛文高田地震、一七八六年の箱根群発地震、一八四七年の善光寺平地震など、六〇年毎に到来する丙午前後には国内で巨大な地震が発生しており、前年の一九〇五年にも芸予地震が発生していたため、騒動になりました。

記事に登場する今村博士は東京帝国大学理学部地震学講座助教授の今村明恒《あきつね》で、前年に雑誌『太陽』に「市街地に於ける地震の生命及財産に対する損害を軽減する簡法」という論文を発表し、「東京近辺では一〇〇年に一回程度は巨大地震が発生しているが、五〇年後という事例もあるから防災の用意をすべきである」と主張していました。人心を不安にする内容ではありませんが、新聞記事は巨大地震到来の予言と強調したので騒動になったのです。

不運なことに、記事から五日が経過した一月二一日に東京地方で地震が発生し、さらに一ヶ月後の二月二三日と翌日にも千葉県沖を震源とする地震が発生したため、地震学専門家の予言は真実であるという情報が東京市民に浸透しました。そのような時期に中央気象台が日時まで特定して巨大地震の発生を発表したという虚偽の情報を役所や警察や病院に電話で通報した人間がおり、その情報が一般市民にも伝播し大変な騒動になりました。

今村の上司である地震学講座の大森房吉教授も最初は今村の見解を理解し静観していました。しかし社会不安になりはじめたため沈静する必要があると判断し、新聞紙上や一般の人々への講演で、今村の主張する巨大地震が一〇〇年に一回というのは間違いで、実際は数百年間に一回程度で、東京市内は道路も整備され消防設備も改良されているので今村の発表したような巨大災害は発生しないと批判する立場に転換しました。

日本の地震研究を開拓した大森

地震の分野では大変に有名な「リング・オブ・ファイヤ（火環）」と名付けられた地図があります。二〇世紀以後に発生したマグニチュード七・〇以上の地震が発生した位置を記録した世界地図ですが、南米大陸と北米大陸の太平洋岸からアリューシャン列島を経由してユーラシア大陸から東南アジアの太平洋岸に巨大地震が集中していることを明示しています。この環状の地震多発地帯が前述のように名付けられているのです。

日本は世界有数の地震発生地帯であることが理解できますが、明治時代以前、地震は地下の巨大ナマズが活躍する結果だと理解され、科学の対象ではありませんでした。明治時代になって地震を学問として最初に研究したのが今回紹介する大森房吉です。大森は明治維新の発生した一八六八年に越前の福井城下で下級武士大森藤輔の家庭に八人兄弟の五男として誕生しましたが、小学三年のときに家族とともに上京しました。

二〇歳になった一八八八(明治二一)年に帝国大学理科大学物理学科に入学、九〇年に卒業して大学院に進学し、イギリスから招聘されて帝国大学理科大学の教授になっていたJ・ミルンの指導によって地震学を勉強します。ミルンは七六年に工部省工学寮の教師として来日し、地震学、考古学、人類学などを幅広く研究した学者です。その背景から函館では貝塚を発見し、八〇年には世界最初の地震の学術団体である日本地震学会も創設しています。

その指導によって地震学や気象学を勉強した大森は一八九一(明治二四)年に発生し

たマグニチュード八・〇の濃尾地震の余震を研究し、その現地調査の結果から時間とともに余震の回数が減少していく大森公式を九四年に発表しています。そのような優秀な業績により、大森は九四年からドイツとイタリアに三年間留学して帰国、九七年には東京帝国大学と改称されたばかりの母校の地震学教授に就任しました。弱冠二九歳でした。

岐阜県内を震源とする濃尾地震は日本史上有数の直下地震で死者約七三〇〇名、被災家屋二二万戸という甚大な被害になりました。そこで政府は翌年の一八九二年に震災予防調査会を設置し、一一名の学者が委員に指名され、大森は幹事に任命されます。このような行政の分野だけではなく、学術分野でも数多くの成果を発表し、九九年には初期微動の継続時間から震源までの距離を計算できる大森公式を考案しています。

それを実用にしたのが前年に発明した大森式地震計でした。当時、GME普通地震計という外国製品が普及していましたが、これは地震の振動を感知してから記録を開始するため、初期の微動を記録できないという欠点がありました。そこで常時記録できる大森式地震計を発明し、その記録を大森公式に入力すれば震源までの距離が計算できることになりました。そして偶然にも直後にアラスカで発生した地震による振動を記録して話題になりました。

このような活躍から一九一四（大正三）年にはスウェーデンのノーベル賞物理学委員会から大森のところに論文を提出するように依頼が到達しました。しかし同年一月に鹿児島湾の桜島が噴火し、その観測や対応に忙殺されていた大森は論文を提出しませんでした。日本の最初のノーベル物理学賞受賞者は湯川秀樹で四九年のことですが、大森が論文を送付しておれば、日本最初のノーベル賞受賞者になっていたかもしれません。

的中した今村の見解

このように優秀な大森の講座の助教授になったのが今村です。一八七〇（明治三）年に鹿児島市に薩摩藩士今村明清の三男として誕生し、東京の第一高等中学校を卒業して九一年に帝国大学理科大学に進学、さらに大学院の地震学講座で勉強しますが、そのまま助教授に採用されました。しかし、助教授は無給であったため九六年からは陸軍教授として参謀本部陸地測量部で数学を教育することによって生計を維持していました。

そのような時期に発生したのが冒頭に紹介した『東京二六新聞』事件でした。大森は社会的立場上、自分の弟子を叱責して社会の動揺を鎮静する必要があったのですが、大物学者の批判は今村に多大の影響をもたらしました。日本の最高の権威の反論に騒動は次第に鎮静しましたが、数多くの学者が大森に追随して今村は孤立無援の状態になります。これから活躍していこうとする学者にとって、この騒動は相当の打撃でした。

今村は伴侶に「巨大地震は五〇年以内に確実に発生する。それ以前に自分が死亡したら地震の発生を墓前に報告してほしい」と依頼していたという逸話があります。そして事件から一〇年後の一九一五（大正四）年に房総半島で群発地震が発生します。今村は巨大地震の前兆かもしれないという意見でしたが、大森は巨大地震の前兆ではないと今度も否定しました。しかし、そこから八年が経過した時期に劇的な結末が到来します。

一九二三（大正一二）年九月一日の正午直前の一一時五八分三二秒に関東大地震が首都東京を直撃したのです。震源は三浦半島から南方へ延伸している相模トラフのプレートの境界の深度二三キロメートルの地点とされ、マグニチュード八・〇前後の巨大地震で、東京の震度は六という規模でした。二〇一一年三月一一日に東北地方の太平洋岸に襲来した震度七の東北地方太平洋沖地震が発生するまで、関東大地震の震度六は日本での最大記録でした。

振動は四八秒間継続し、東京の約七万人を筆頭に合計一〇万人以上の死者、住戸の被

関東大地震の被害（1923）

害は三七万戸になり全壊が一一万戸という巨大なものでした。被害が拡大したのは昼食の時間を直撃したため多数の火災が発生し、さらに能登半島を進行していた台風による強風が影響したこともあり、結果として東京市内の四割以上が焼失する巨大な被害になりました。今村の『太陽』への論文が発表されてから一八年後に警告が現実になったのです。

生涯を地震研究に貢献した今村

その時期、大森はオーストラリアのメルボルンで開催される汎太平洋学術会議に日本の団長として参加し、巨大地震が発生した九月一日はシドニーのリバービュー天文台で開催されたパーティに出席していました。そして天文台長がドイツから購入したばかりの最新の地震計を大森に説明していた瞬間に突然、指針が振動しはじめたのです。大森が振動を分析したところ、震源の位置は東京付近だということが判明しました。

愕然とした大森は即座に帰国しようとしましたが、空路の存在しない時代で、ようやく九月六日に客船でオーストラリアから日本へ出発しました。しかし往路から体調が順調ではなく食欲もなかった大森は帰路の船中でさらに体調が悪化し、一〇月四日に横浜に到着した時点では重体という状態でした。自分が否定した東京を襲来する巨大地震が現実に発生してしまったという自責の意識が病状の悪化を加速したのかもしれません。

到着した汽船の部屋に大森を見舞った今村に「今度の震災については責任を痛感しており、譴責《けんせき》されても仕方がない」と関東大地震の予知ができなかったことを謝罪し、東京大学付属病院に搬送されましたが、脳腫瘍が悪化し、帰国して一ヶ月後の一一月八日に死去しました。今村は大森の後継として一九二三年に五三歳で地震学講座教授に昇進し、関東大地震を予知した学者として「地震の神様」と賛美されるようになります。

今村は南海地震の発生確率が高率だと予測し、一九二八（昭和三）年に自費で和歌山県に南海地動研究所を設立しますが、予測は的中し、四四年には東南海地震、四六年には南海地震が発生しました。三一年に定年で東京大学教授を退官し、以後は私費で研究を継続しますが、子供時代から津波の脅威を教育することが重要だと、L・ハーン（小泉八雲）の「稲むらの火」を国定教科書に掲載することを主張し実現させています。

有名な逸話ですが、簡単に紹介します。幕末の一八五四（安政元）年に発生した安政南海地震で紀伊の広村の海岸で海水が沖合に退潮していったとき、津波の襲来を予感した村の有力者の濱口梧陵が村人を海岸から退避させるため、貴重な稲藁に点火して村人を高台に集合させ、人命の被害を最小にしたという逸話です。これを八雲が短編『リビング・ゴッド（生き神様）』で紹介しており、それを今村が国定教科書に再録するよう努力したという経緯です。

「リング・オブ・ファイヤ」が証明するように、日本は世界有数の地震発生地帯であり、世界に一五〇〇程度存在する活火山の七％が日本に存在します。その現状を変更することはできませんから、火山の噴火や地震の発生を予測することが重要ですが、日本は地震研究では世界の先端にあります。その最初の足場を構築したのが大森房吉と今村明恒の二人でした。微妙な師弟の関係はありましたが、日本を代表する学者でした。

世界に先駆け脚気の原因を発見した

鈴木梅太郎

（一八七四―一九四三）

大賞を受賞できなかった学者

毎年一〇月頃になると、ノーベル賞受賞者の発表が話題になります。これはスウェーデン人実業家アルフレッド・ノーベルがダイナマイトの開発によって獲得した巨額の資産を世界の発展に貢献した人物や団体を顕彰するために使用するよう遺言したことにより実現したもので、一九〇一年から物理、化学、医学・生理学の科学関係と、文学、平和の5分野を対象にして授与されています。なお経済学賞は一九八六年に追加で設定されたものです。

最近では毎年のように日本人受賞者が登場しますが、一九四九年に湯川秀樹博士のノーベル物理学賞受賞までの五〇年近く、日本人受賞者はゼロでした。また科学分野の国別の受賞者数でも、アメリカが四三%、イギリスが一三%、ドイツが一一%、フランスが五%で、日本は四%でしかありません。それは近代科学が西欧中心に発展したことを反映していますが、戦前の日本にも受賞の価値のある業績を発表した学者が何人も存在していました。

一例として、第一回ノーベル生理学・医学賞を受賞したのはドイツのE・A・ベーリングで、業績はジフテリアの血清療法の研究でしたが、この業績は一八九〇年に日本の北里柴三郎と共著の論文で発表したもので、ベーリングも受賞演説で北里の貢献に言及しています。共同受賞の慣習がなかった結果ですが、当時の西欧優位の風潮が影響したとも推測されています。もう一人、同様の背景で受賞できなかった日本の学者を今回は紹介します。

多数の兵士を死亡させた脚気

明治維新により開国して三〇年足らずの時期に発生した日清戦争と、その勝利から一〇年後に発生した日露戦争は弱体になっていたとはいえアジアの大国である清国とヨーロッパの大国であるロシア帝国を相手に薄氷の勝利でした。日露戦争の勝敗を決定した一九〇五年五月の日本海海戦での戦闘開始直前に旗艦「三笠」に「皇国の興廃この一戦にあり」を意味するZ旗が掲載されたのは単純に兵員を奮起させるだけではなく、本心でした。

両戦とも日本は勝利しましたが、被害は甚大で、日清戦争では一年四ヶ月の戦争期間に戦場で銃弾により死亡した人数は約一一〇〇名でしたが、病死は約一万二〇〇〇名にもなりました。日露戦争でも一年七ヶ月の戦争期間に戦闘による死者は約五万六〇〇〇名でしたが、病死は約三万七〇〇〇名にもなっています。どちらも極寒の戦地での戦闘であったため、凍傷などによる死亡も多数でしたが、それ以上の被害をもたらした病気がありました。

どちらの戦争でも病死の最大の死因は脚気でした。日清戦争では約四〇〇〇名、日露戦争では二万七八〇〇〇名が脚気で死亡していますが、ほとんどが陸軍で発生し、海軍では少数であったためにで食事が原因ということが推察されていました。海軍では帝国海軍軍医の高木兼寛《かねひろ》が軍艦によって脚気の発生比率に相違があり、それは艦内での食事の相違によることに気付き、洋食を中心に変更したところ、脚気が一気に減少していたのです。

一方、陸軍では戦後の一九〇八年に陸軍医務局長の森林太郎（鷗外）を会長に「臨時脚気病調査会」が設立され原因の究明をしますが、細菌学者の帝国大学医科大学教授の緒方正規が一八八五年に脚気病原菌説を発表していたことも影響し、従来の伝染病説を暗示するような曖昧な結論を発表しました。さらに当時の兵士には農村の貧困な家庭の次男や三男が召集されており、白米の食事を提供してやりたいという親心も影響したとされています。

成績優秀でドイツへ留学

このような時代を背景に登場したのが今回紹介する鈴木梅太郎です。鈴木は一八七四（明治七）年に静岡の榛原《はいばら》郡堀野新田村（牧之原市の一部）の農家の次男として誕生しますが、子供のときから地元の学校で熱心に勉強し、一四歳になった一八八八（明治二一）年に単身徒歩で東京に移動します。最初は神田にあった日本英学館で勉強しますが、翌年には東京農林学校予科（一八九〇年から帝国大学農科大学）に入学し四年後に首席で卒業します。

さらに帝国大学農科大学農芸化学科に進学し、二二歳になった一八九六（明治二九）年に卒業しますが、帝国大学の全科を代表して答辞を朗読する抜群の成績でした。そのまま大学院に進学して政府から委託された桑の葉の病気の研究を担当し、四年後の一九

○○（明治三三）年に助教授に就任、翌年、農学博士の学位を授与されます。このように優秀であったため、文部省留学生としてベルリン大学に留学し、H・E・フィッシャー教授に師事します。

フィッシャー教授は糖類の合成の研究で数多くの業績がある大物で、鈴木が到着した時期には蛋白質の研究に集中しており、翌年の一九〇二年にノーベル化学賞を受賞しています。鈴木は教授の研究を手伝いながら、以後の研究課題を発見します。後年の「研究の回顧」という文章で「ベルリン大学で各国の学者と研究すると、持続して研究する体力で劣勢にあることを痛感し、それは主食とする食物の相違にあると判断した」と記述しています。

すなわち「米」を中心とする日本の食事と「肉」を中心とする西欧の食事とでは栄養に相違があり、それが体格や体力に反映していると予想したのです。そこで早速、ハトとネズミを使用した動物実験を開始しました。まずハトやネズミを配合飼料のみで飼育すると、次第に歩行が困難になって活動しなくなり、数週間後には死亡してしまうという結果になりました。これは人間が脚気になって衰弱し死亡する状態に酷似していました。

そこで鈴木はオランダの生理学者で、抗神経炎ビタミンの発見で一九二九年にノーベル生理学・医学賞を受賞することになるC・エイクマンの論文「ニワトリの脚気」（一八九七）を参照しました。エイクマンは一八八三年にアムステルダム大学で博士となり、一八八〇年代後半にオランダ政府からインドネシアに軍医として派遣され、ジャワ医学校長をしていました。ところがインドネシアの病院や監獄で脚気が流行している現実に直面します。

その病院や監獄で食用に飼育しているニワトリにも脚気が流行していましたが、ある時期からニワトリが突然元気になったことに気付きました。原因を調査してみると従来は患者や囚人の残飯の白米を飼料としていたのですが、飼育担当が交代して玄米を飼料にしたことが原因だと判明しました。そこでエイクマンはニワトリの飼料に米糠を添加すると脚気の症状が改善されることを発見し、論文として発表していたのです。

オリザニンの発見

その論文を参考にして、鈴木は米糠を添加した飼料で動物を飼育すると、脚気の症状が消滅することを確認しました。そこで米糠に脚気を予防するのに有効な成分が存在すると推測し、その成分を濃縮して単離する実験を開始します。鈴木は一九〇六年に帰国して盛岡高等農林学校教授に任命されるとともに、東京帝国大学助教授にも併任となり、翌年には東京帝国大学が本務となり教授に昇格しますが、脚気を防止する成分の抽出に専念します。

そして一九一〇年に成分の抽出に成功し「オリザニン」と命名するとともに特許も取得し、翌年には『東京化学会誌』に「糖中の一有効成分に就いて」という論文として発表しました。「オリザニン」はコメの学名「オリザ・サティバ」に由来する名前です。しかし残念ながら、日本では軍医総監の石黒忠悳《ただのり》や東京帝国大学教授の緒方正規などが脚気の原因は細菌であるという脚気菌説を主張していましたので、鈴木の発見は評価されませんでした。

さらに論文をドイツ語に翻訳するとき「これは新規の栄養素である」という言葉を訳出しなかったため、日本では話題になったものの世界からは注目されなかったという失敗がありました。鈴木の発見が重視されなかったさらなる原因は学閥でした。前述のように鈴木は帝国大学農科大学の出身のため、緒方正規を筆頭に帝国大学医科大学出身の学者からすれば鈴木は異端であり、「百姓学者」と嘲笑する人間まで存在しました。

そのような時期にポーランドのワルシャワに誕生し、ヨーロッパ各地の大学で研究していたC・フンクは前出のエイクマンの論文に刺激され、鈴木の発見の翌年の一九一一年に米糠に含有される化学物質が欠乏すると脚気になることを発見し、それを「生命活動に必須のアミン」という意味の「ビタミン」と命名しました。鈴木の発見した物質もフンクの発見した物質も同一でしたが、「オリザニン」という名前は消滅してしまいました。

晩年に評価された業績

フンクもノーベル賞受賞者にはなれませんでしたが、鈴木のノーベル賞級の発見は日本でも世界でも評価されず、またオリザニンの抽出に手間がかかるために高価であったことと消化吸収されにくい成分であるため発病してから投与しても摂取されにくいという理由により、薬剤として十分に流通しませんでした。そのため戦前の日本では脚気による死者が毎年一万人から二万人にもなり、鈴木の偉大な発見の効果は発揮されません

伏見宮貞愛親王に説明する鈴木梅太郎

でした。

しかし業績は次第に評価されるようになり、一九二四年には日本農芸化学会を設立して初代会長に就任、二六年には帝国発明協会より恩賜記念賞を授与されるとともに東京帝国大学農学部長に就任、三二年にはドイツ学士院会員に推挙されるなど名誉を獲得していきます。また後輩の研究を支援するため、東京帝国大学に実験施設一棟や奨学基金を寄付して紺綬褒章を授与され、逝去する数ヶ月前には文化勲章を受章する幸福な晩年でした。

パナマ運河の建造に貢献した唯一の日本人技術者

青山 士

（一八七八－一九六三）

大西洋と太平洋を接続する運河

一五二〇年一一月にポルトガル出身の船長F・マゼランが指揮する三隻の帆船が南米大陸の南端にある海峡を通過したことにより、ヨーロッパの人々は大西洋側から太平洋側に航海して世界を一周する航路を手中にしました。このマゼラン海峡は世界の構造を変革した偉大な発見でしたが弱点がありました。この海峡が存在する南緯五四度一帯は世界有数の強風地帯で、多数の船舶が難破する難所であることです。

筆者はカヤックでマゼラン海峡付近を通過したことがありますが、強風のため二日に一度は陸上で待避するほどの難所で、途中では多数の難破船を何度も見掛けました。さらなる問題は北半球側にあるヨーロッパから赤道を通過して南半球側にあるマゼラン海峡を利用して太平洋側に航海しようとすると、大変な遠回りになることです。

そこで北米大陸と南米大陸を接続している中米の陸橋を横断する運河の構想が登場してきました。一六世紀に中米から南米を征服していたスペインが最初に構想しますが、当時の技術では実現できない困難な事業でした。ところが一九世紀中頃にスエズ運河が開通し、それまでヨーロッパからアフリカ大陸の南端を周回してアジアを目指していた航路が大幅に短縮されたことから、中米に運河を掘削する気運が高揚してきました。

そこで中米の陸橋で横幅が最短のパナマ地峡に運河を掘削する計画が浮上し、スエズ運河の掘削に成功したF・ド・レセップスが一八八〇年から挑戦を開始しました。ところが一帯は未開の密林で熱病が蔓延したうえ、資金に関係した疑獄事件が発生し、会社が倒産してしまいます。そこで登場したのがアメリカです。国家が大西洋側と太平洋側に直面しているアメリカにとっては重要な意味のある計画でした。

軍事戦略施設であったパナマ運河

一九〇三年にアメリカは着工しますが、工事には軍隊を投入、海軍将校が指揮するという体制でした。アメリカにとってパナマ運河は軍事施設だったのです。その理由は日本が日清戦争（一八九四―九五）に勝利し、さらに日露戦争（一九〇四―〇五）への気配もあり、アメリカは日本を警戒しはじめ、そのため大西洋岸に集中している戦艦を、必要になれば太平洋岸に移動させるため、運河には戦略的重要性があったのです。

この工事を開始したとき、アメリカは二六代大統領セオドア・ルーズベルトの時代でしたが、ルーズベルトの「自分は日本の脅威を現実のものとして実感しており、パナマ運河を早急に建設し、一二隻の軍艦を建設して半分は太平洋側に配置すべきである」という言葉が記録されています。実際、ルーズベルトが海軍次官であった時期には日本と戦争する場合の戦略を検討した「オレンジ計画」の作成を指揮していました。

そのような背景から建設する軍事施設ですから、工事は外国の人間を関与させず遂行する方針で、ルーズベルトが仮想敵国と想定した日本の人間を関与させることは論外でした。ところが、この世紀の工事に唯一の外国人技術者として参加した日本の若者がいました。一九〇三年に大学を卒業したばかりで弱冠二五歳の青山士《あきら》です。

内村鑑三と廣井勇に出会う

青山は一八七八年に静岡県中泉村（磐田市）で旅館を経営する裕福な家庭に誕生します。祖父は東海道線が開通して地元に中泉駅（磐田駅）が建設される場所の用地を提供するほどの名家でした。青山は地元の尋常小学校を卒業してから上京し、東京府尋常中学校（日比谷高等学校）に入学し、さらに第一高等学校（東京大学教養学部）を経由して一八九九年に東京帝国大学工科大学土木工学科に進学します。

この一八九九年に土木工学科教授に着任したのが、青山の人生に影響した廣井勇《いさみ》でした。廣井は有名なW・クラークが初代教頭としてアメリカから赴任してきた札幌農学校の第二回卒業生（一八七七）で、『武士道』の著者として有名な新渡戸稲造、キリスト教伝道者の内村鑑三、植物学者の宮部金吾など六名が同期でした。

この内村が青山に多大の影響をもたらします。第一高等学校時代に内村の講演に感動した青山は、以後、内村の門下となって人生を勉強し、土木工学を専攻したのも内村が講演で、イギリスの天文学者J・ハーシェルの言葉「世界を自分が誕生したとき以上の状態にしたい」を引用して青山にも土木工学に進学することを助言した結果でした。

しかも東京大学の土木工学の主任教授には内村の親友である廣井が着任したばかりという幸運でした。廣井は一八八一年に札幌農学校卒業後、開拓使御用掛として道内最初の鉄道である官営幌内鉄道の鉄道橋梁の工事を担当してから日本鉄道会社の技師として東京と高崎を連絡する鉄道の工事の監督となりますが、工事が完了した一八八三年に私費で渡米して設計会社に就職し、治水工事や橋梁設計に従事しました。

廣井の能力が卓越していたことを証明する業績があります。何本かの橋梁の設計に従事した経験を基礎に、二六歳になった一八八八年に『プレート・ガーダー・コンストラクション』という書籍を出版したのです。これはアメリカの大学で学生用教科書として使用され、現在でも出版されている名著です。それからドイツのカールスルーエ大学、シュツットガルト大学に留学し、一八八九年に母校の教授に就任します。

そして一八九三年に廣井の名前が後世に記録される工事を設計し監督するため、小樽築港事務所長に就任しました。任務は小樽築港を建設することですが、最大の課題は延長一三〇〇メートルにもなるコンクリート製防波堤を施工することでした。冬期の強烈な波浪に対抗できる堤防を、自身で開発した廣井公式で設計して一九〇八年に完成させますが、この堤防は一一〇年以上が経過した現在でも現役として役立っています。

パナマ運河建設に参加した唯一の日本人

この業績に感服した帝国大学工科大学初代学長の古市公威《こうい》が廣井を帝国大学教授に招聘し、青山と出会うことになりました。青山は一九〇三年に大学を卒業し、パナマ運河の工事に参加したいと渡米を決意します。その青山に、廣井はアメリカに滞在していたときの知人コロンビア大学のW・バア教授を紹介します。

一九〇四年三月にアメリカ政府は海軍将校J・ウォーカーを理事長とし、幹部の大半も技術将校で構成するパナマ地峡運河理事会を発足させ、国防総省が所管する政府直轄の工事で開発する体制を整備します。当然、外国の民間の技師が参加できるような状況ではありませんでしたが、理事会の委員でもあったバア教授の努力により、青山を七月一日から測量技師として参加させるという採用通知が到着しました。

日本を出発した青山は測量部隊の一員として六月七日にパナマの大西洋側の都市コロンに到着し、運河の入口となる河川の測量に従事します。筆者は客船でパナマ運河を通行した経験がありますが、現在でも航路の両側は高温多湿の熱帯雨林ですから、マラリアが蔓延している未開の土地でテント生活をしながらの測量は大変な作業であったと想像されます。ここで約二年半の測量に従事してから新規の現場に移動しました。

世界の二大運河は紅海と地中海を連絡するスエズ運河と大西洋と太平洋を連絡するパナマ運河ですが、両者には構造に相違があります。前者は平坦な水路を船舶がそのまま通行できますが、全長八〇キロメートルのパナマ運河は途中の湖沼の水面が海抜二八メートルであるため、船舶を上下させる閘門《こうもん》が必要でした。測量で能力と勤勉さが評価された青山は、その閘門の設計や工事を担当する要員の一人に選抜されたのです。

一九〇六年から閘門の設計や工事が開始されますが、青山は主要部分には関与できませんでした。〇八年に日本がアメリカへの移民を自主規制する紳士協約が成立し、日米関係が微妙な状態になってきたことを反映した措置でした。そこで青山は一一年一一月に六〇日間の長期休暇を取得して帰国し、日本からアメリカへ辞表を送付します。日米関係が次第に微妙になってきた当時の状況を反映した行動でした。

荒川に岩淵水門を建設

帰国した青山はアメリカでの仕事が評価されて内務省に採用され、一九一五年に東京の荒川に建設される岩淵水門の工事主任に任命されます。東京の東側を流下する隅田川は以前は荒川の下流でしたが、頻繁に洪水が発生するため、明治時代に東側に現在の荒川が掘削され分流されるようになりました。そして荒川の上流の水量が増加してきたときには隅田川に流入しないように閉切る水門が必要でした。それが岩淵水門です。

完成当時の（旧）岩淵水門

建設場所の地盤は軟弱で大変に困難な工事でした。そこで青山は河床を地下二〇メートルまで掘削し、当時は本格利用されていなかった鉄筋コンクリートで五個の水門からなる岩淵水門を完成させました。これは一九二三年の関東大震災にも被災せず役割を達成しました。その実力が評価され、四一歳になった一九一八年には河口から上流八〇キロメートルまでの荒川の改修工事の担当となります。

震災の翌年（一九二四）、荒川放水路通水式が挙行され、水門の付近に放水路完成記念碑が設置されます。そこには「此ノ工事ノ完成ニアタリ多大ナル犠牲ト労役トヲ払イタル我等ノ仲間ヲ記憶センガ為ニ／神武天皇紀元二千五百八十二季／荒川改修工事ニ従ヘル者ニ依テ」と刻字されていますが、難関工事の主任技師であった青山の名前はどこにも記載されていません。そのような謙虚な人物でした。

内務技監に就任

卓抜した能力を評価された青山は一九二七年に信濃川の大河津分水路の工事所長に任命され、三一年に大河津可動堰を完成させます。それらの功績から三四年に内務技監に任命されます。これは技術官僚としては内務省で最高の役職でした。しかし、技術官僚よりも事務官僚が優位である内務省内の人事制度に反対して辞職し、郷里の磐田で余生を生活し、一九六三年三月に八六歳で富士山を見晴らす自宅で逝去しました。

内村鑑三の影響でキリスト教徒となっていた青山を追悼する集会が四月に東京で開催されたとき、やはりキリスト教徒である元東京大学総長南原繁が「洪水が襲来し疫病が蔓延する大地を多少とも改善して後世に継承するのが青山さんの使命であった。青山さんは信仰について一片の文章も記録せず、一度の説教も披露せず、黙々と「地の仕事」をしてきた（要旨）」という追悼の言葉を朗読しています。

世界に先駆けて無線アンテナを発明した

八木秀次

（一八八六－一九七六）

日本では評価されなかったアンテナ

一九四二年二月に日本の軍隊はイギリスの軍隊が防衛していた世界最強の要塞と評判のシンガポール要塞を陥落させました。そのとき押収した資料に伍長のニューマンが所持していた「ニューマン・ノート」という書類がありました。その一部に「ヤギ・アレイ」という言葉があり、意味不明であったため捕虜となっていたニューマンに質問すると、あの有名な八木博士を軍部は承知していないのかと仰天されたという逸話があります。

ヤギは日本で無線通信を研究していた学者の八木秀次《ひでつぐ》、ヤギ・アレイは八木が開発した高度な電波の受信性能のあるアンテナのことだったのです。このエピソードが証明しているように、八木が発明した無線を受信するアンテナは世界で評価され、実用にさえなっていたのですが、足元の日本では利用されるどころか無視されていました。今回はこの逸話が象徴するように無線通信の世界で多大な貢献をした八木秀次を紹介します。

欧米に留学して先端を勉強

八木は大阪の北浜（東区）で両替商をしていた八木忠兵衛・みち夫妻の三男として一八八六年に誕生しました。地元の愛日尋常小学校、第四高等小学校、大阪府第一中学校を順調に卒業します。その時期に父親は死亡していましたが、株屋に就職して収入があった長兄の支援で学業を継続します。成績優秀で中学校は首席で卒業し、一九〇三年には第三高等学校理科に入学、さらに東京帝国大学工科大学電気工学科に進学します。

一九〇九年に三三名中五番の成績で卒業し、恩師の山川義太郎教授の推挙により仙台高等工業学校電気科の講師になり、翌年には教授に昇進します。当時、東北帝国大学理科大学にはKS鋼を発明してノーベル物理学賞候補にもなる本多光太郎教授が在籍しており、その推挙で一九一三年からドイツのドレスデン工科専門大学に留学、強磁性体のバルクハウゼン効果を発見して有名なH・G・バルクハウゼン教授に師事します。

ところが一九一四年に第一次世界大戦が勃発し、ドイツが敵国となったため、イギリスのユニバーシティ・カレッジ・ロンドンのJ・A・フレミング教授の教室に移動します。フレミングは電流と磁界と電磁力の関係を表現する右手の法則と左手の法則を発見した有名な電気工学の教授です。さらに翌年には八木はアメリカに移動、電気通信で業績のあるハーバード大学のG・W・ピアス教授に師事し、その影響で次第に無線通信に関心が移行します。

これらの指導教官は電気工学や無線工学の分野で世界の先端にあった人々で、それらの大物に師事したことも素晴らしいことですが、その先端の理論を理解できた八木の才能も優秀でした。一九一六年に帰国して東北帝国大学工学部教授となり、通信分野を研究対象とします。当時は発電や配電など電力を供給する強電が中心で、通信は弱電と命名されていましたが、あえて主流ではない分野を選択したのです。

八木・宇田アンテナの発明

東北大学では八木の助手をしていた講師の宇田新太郎が超短波の奇妙な性質を発見します。宇田は一八九六年に富山県舟見町に誕生して広島師範学校を卒業、長野県の旧制大町中学校で教師をしていましたが、東北大学工学部電気工学科に入学して八木に指導され、卒業とともに講師となって電気通信の研究をしていました。八木との共同研究で

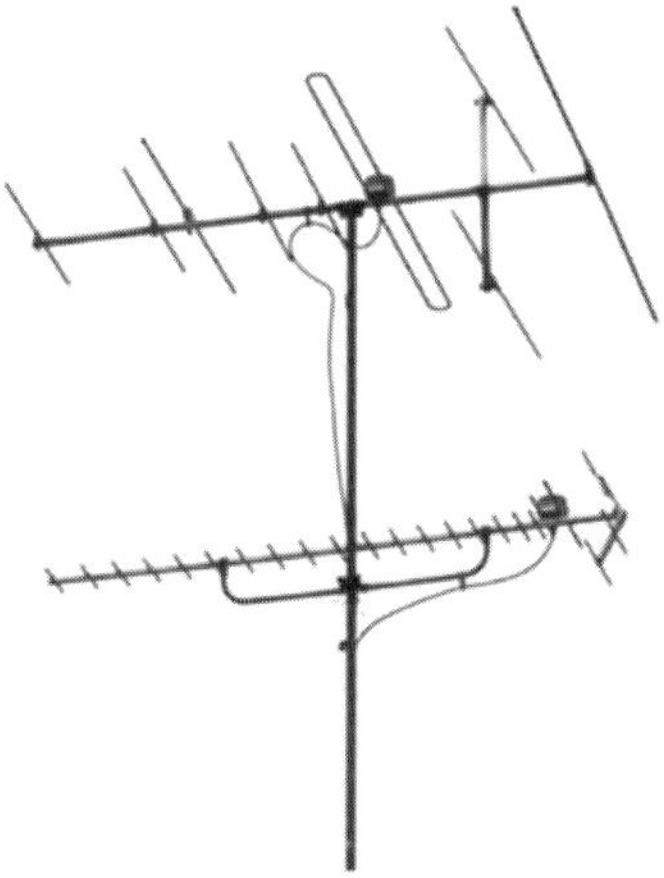

八木・宇田アンテナ

電波を発信すると方向によって電波に強弱があるという性質を発見します。

そのような性質のある電波を効率よく受信するため、様々な実験をした結果、アンテナの前方に電波を吸引するための導波器（ディレクタ）、その後方に輻射器（ラジエータ）、最後に電波を反射する反射器（リフレクタ）を設置すると正面方向だけに電波を発信と受信ができるアンテナが実現しました。それ以前のアンテナに比較して約五〇倍の感度がある優秀な装置で、一九二五年に論文を発表し、年末に特許を出願しました。

これが「八木・宇田アンテナ」です。宇田は各地で実験し、一九二九年には仙台と松島の二〇キロメートルの区間、三二年には酒田と四〇キロメートル沖合の飛島との区間の通信に成功します。この結果、翌年には酒田と飛島の区間に超短波公衆電話回線が敷設されました。戦後になりテレビジョン放送が開始されると、民家の屋根に鉄製のパイプを組合わせた八木・宇田アンテナが林立するようになります。

海外で利用されたアンテナ

この発明は英文の論文で発表されたため、欧米の軍部は八木・宇田アンテナの技術を利用してレーダーの性能を飛躍させ、陸上の通信施設だけではなく、戦艦や航空機にも装備されていました。実際、アメリカは日本の技術を改良して戦場で利用し、日本の軍隊に多大の損害をもたらしていますし、広島と長崎に原子爆弾を投下したときには、爆弾の爆発高度や影響範囲を測定するために八木・宇田アンテナを利用していました。

残念ながら日本では評価されず、戦場での通信に有望だからと軍部に説明したところ、電波を発信すれば自軍の位置を敵軍に探知されてしまうので、闇夜に提灯を使用して歩行するようなことになると相手にされず、軍部は有線通信に固執していました。しかし、冒頭に紹介したシンガポールでの体験によって方針を変更し、軍部は八木・宇田アンテナの研究開発を開始しますが、なかなか実用になる装置が開発できませんでした。

さらに一九四一年には国内特許の有効期限が終了するので延長を申請したところ、重要な発明ではないと却下されてしまうという残念な状況でした。しかし、敵軍が無線通信を有効に利用している実態に気付いた軍部は敗戦の気配も濃厚になってきた一九四四年に海軍の夜間戦闘機「月光」に八木・宇田アンテナを搭載しますが、電波機器を駆動するのに十分な電源が用意できず、残念ながら実用にはなりませんでした。

さらに二人は無線アンテナの技術を応用して電力を無線で送電する技術に挑戦します。実験には成功しますが、当時の技術では効率が十分ではなく実用にはなりませんでした。しかし現在、地球規模のエネルギー問題の解決手段として地球上空に巨大な太陽電池パネルを打上げ、そこで発電した電力を無線で地上に送電する構想が二〇五〇年の実現を目指して研究されています。二人の先見能力の素晴らしさを証明しています。

社会で活躍する八木

八木は研究でも才能を発揮しますが、行政の手腕も並々ならぬものでした。四三歳になった一九二九年に東北帝国大学工学部長になります。その業績を評価されて三四年には新設された大阪帝国大学理学部教授を併任しますが、二年後には大阪帝国大学の専任教授になります。学外でも三七年に電気通信学会会長、四〇年に電気学会会長、四三年に日本音響学会会長などに就任、四四年には内閣技術院総裁にまでなります。

しかし、これらの戦前の華々しい活躍が戦後になってからの活動の邪魔になりました。一九四六年に大阪帝国大学総長に就任しますが、戦前に夜間戦闘機「月光」の開発などで軍部に協力していたなどの理由で、日本の占領政策を実施していたGHQ（連合国軍最高司令官総司令部）から公職追放に指定され、総長を辞任することになりました。このような障害を契機に八木は活動の範囲を学問の分野から拡大するようになります。

八木は人材を育成する能力も優秀でした。前述のように一九三四年に大阪帝国大学教授に就任しますが、前年から講師として湯川秀樹が在籍していました。なかなか論文を執筆しない湯川を叱咤激励したのが八木で、その圧力で翌年に湯川が執筆した論文「素粒子の相互作用について」は未知の新粒子である中間子を予言する内容でした。この存在が戦後になって実証され、ノーベル物理学賞を受賞することになったのです。

さらに八木は組織を創設し運営する能力も優秀であり、戦前から数多くの学会を創設して会長に就任していましたが、そのような活動の延長で、無線技術に関心のある人材を育成するためにアマチュア無線の活動を活発にすることを目指します。そこで公職追放の身分にもかかわらずＧＨＱと折衝し、一九四六年に日本アマチュア無線連盟を結成して初代会長に就任、五二年には日本でアマチュア無線を復活させます。

イギリスとアメリカでは一九二〇年代からテレビジョン放送の実験が実施されていましたが、日本では戦前の三九年五月に日本放送協会（ＮＨＫ）が放送実験を実施したものの、戦争で中断し、戦後になって四八年に公開実験、五三年二月に本格放送を開始、八月には民間の日本テレビ放送網（ＮＴＶ）も放送を開始しました。そのような動向を見越して八木は前年に受信アンテナを生産販売する株式会社八木アンテナを創設し社長に就任しています。

政治の世界にも進出

八木の才能は学問の世界だけではなく、政治の世界にも拡大していきます。一八八〇年代にイギリスでフェビアン主義という思想が登場しました。清廉で質素な生活を浸透させることにより社会を変革しようという活動です。マルクス主義のような急進思想ではなく、緩慢に社会を改革する思想で、多数の有名な人士が参加しました。この思想に共感した八木は日本フェビアン協会の会員になり、社会を改革していこうとします。

そのためには政治に参加しようと、一九五三年の第三回参議院議員選挙に右派社会党公認の候補として全国区で出馬し、補欠でしたが当選しました。三年後の選挙にも出馬したものの落選でしたが、技術で社会に貢献するだけではなく、政治活動によって、より広範に社会を変革したいという意思の表明でした。学校の運営にも手腕を発揮し、財界の大物五島慶太の依頼により武蔵工業大学（東京都市大学）の第六代学長にも就任しています。

大学などから引退して以後も学術分野への関心を維持し、有為の人材の発掘に尽力していました。一九五一年には藍綬褒章、五六年には文化勲章を受賞しますが、「かつては追放しておきながら、今度は勲章をくれるという。国家は不可思議なことをするものだ」と辛辣な発言をしています。しかし、八木の死後二〇年の一九九五年にアメリカの電気電子学会（ＩＥＥＥ）は八木・宇田アンテナの発明を顕彰して東北大学に賞牌を贈呈しています。

オリンピック大会で日本最初の女性メダリスト

人見絹枝

（一九〇七―一九三一）

最初にオリンピック大会に参加した日本女性

多数の都市国家が存立していた古代ギリシャではアテネとスパルタが三〇年近く交戦したペロポネソス戦争を代表として、都市国家相互の紛争が数多く発生していました。その状況を改善するため、四年に一度、様々な紛争を休戦にして、スポーツ大会を開催するという行事が企画されました。大会は四種ありましたが、最大規模の大会がオリンピアという都市で紀元前七七六年から開催されてきたオリンピック大会です。

これは男神ゼウスに奉納する大祭であることと、選手が全裸で参加していたため、女性は競技に参加することはできず、若年の女性と未婚の女性の観戦のみ許可されていましたが、既婚の女性は入場さえできませんでした。開催日数は五日で、主要な競技は短距離走、中距離走、戦車競争、レスリングやボクシングなどの格闘競技、古代五種競技でした。勝者への賞金も手渡されましたが、正式の賞品はオリーブの樹冠のみでした。

この競技大会は西暦三九三年に開催された二九三回大会を最後に終了しましたが、その精神を継承して、フランスのＰ・ド・クーベルタン男爵が一八九六年に復活させたのが近代オリンピック大会です。参加資格も古代オリンピック大会を継承して初回は男性二八〇名が参加したのみで、女性の参加はありませんでした。日本が参加したのは一九一二年にスウェーデンのストックホルムで開催された第五回大会からです。

この大会には役員二名以外に短距離走に三島弥彦、長距離走に金栗《かなくり》四三《しぞう》の二名のみが参加しましたが、シベリア鉄道を利用する一八日間もの移動も影響し、予選敗退や途中棄権という結果でした。それ以後は次第に派遣選手も増加しますが男子選手のみで、ようやく一九二八年の第九回アムステルダム大会に日本からも女性が参加し、素晴らしい活躍をしました。今回は日本から最初にオリンピック大会に出場した女性である人見絹枝を紹介します。

学生時代からスポーツで活躍

人見は現在では岡山市内になる岡山県御津郡福浜村で特産のイグサを栽培する裕福な農家の人見猪作と岸江の次女として一九〇七年一月一日に誕生しました。子供の時代から友達は女子よりも男子が多数という活発な性格で、地元の言葉で「ばっさい（おてんば)」と評判でした。地元の福浜尋常高等小学校尋常科に入学しますが、依然として活発で男子生徒を圧倒していました。しかし学業成績も優秀で級長に指名されるほどでした。

当時は女子が上級の学校に進学するのは例外の時代でしたが、人見の能力を理解していた父親の意向で進学することになり、倍率四倍の入学試験に見事に合格し、一九二〇年に岡山県立岡山高等女学校に進学しました。この学校は自宅から約六キロメートルの距離にある岡山市中心部にありましたが、毎日、徒歩で往復していました。これが以後、スポーツで抜群の能力を発揮する人見の足腰の鍛錬になったと推定されます。

当時の校長である和気昌郎は文武両道を目指す教育をしており、生徒がスポーツの対外試合に出場することを推進し、人見は早速、能力を発揮します。入学の翌年、岡山県主催のテニス大会のダブルスの競技に前衛として出場し、当時の女子としては異例の一七〇センチメートルの身長を駆使して活躍、前年優勝の岡山県女子師範学校のペアを打破して見事に優勝しました。その結果、人見は「関西第一の前衛」と評判になります。

一六歳になった一九二三年には岡山県女子体育大会に学校の代表として出場します。その時期に人見は脚気になっており、修学旅行にさえ参加できなかったのですが、学校の要請で走り幅跳びに出場しました。校医が同伴して試技が終了するごとに脈拍などを測定する決死の出場でした。ところが人見は四・六七メートルという日本女子最高記録を実現しました。人見としては優勝できれば、しばらく病気で寝込んでもいいという覚悟でした。

翌年には創設されたばかりの二階堂体育塾（日本女子体育専門学校の前身）に入塾し、創設した二階堂トクヨの指導により技量を向上させます。その結果、一〇月には三日も連続した高熱の直後にもかかわらず、岡山県女子体育大会の三段跳びで一〇・三三メートルという当時の世界最高を記録します。翌月には東京で開催された陸上競技の全日本選手権に出場し、三段跳びで一〇・三八メートル、槍投げで二六・三七メートルを記録します。

ヨーロッパの大会で活躍

一九歳になった一九二六年に大阪毎日新聞社に入社しますが競技は継続し、次々と記録を更新していきます。そしてついに八月に世界に進出します。シベリア鉄道を利用して、車中で自炊しながら丸一ヶ月かけてスウェーデンの第二の都市ヨーテボリに到着、そこで開催された国際女子競技大会に単身参加したのです。初日には一〇〇ヤード競走で三位に入賞、円盤投げで二位に入賞します。円盤は現地で購入して数日練習しただけの成果でした。

初日に二五〇メートル競走にも出場して疲労が蓄積していたため、翌日は得意の槍投げを棄権して走り幅跳びに集中する作戦を選択しました。決勝では五回の試技まではイギリスの選手が一位でした。人見は途中の試技で着地のときにスパイクで右手に怪我をしていましたが、最後の試技で五・五〇メートルという世界最高記録を達成して優勝し、総立ちで拍手喝采する観客の眼前で日の丸が掲揚され君が代が吹奏されました。

最後の三日目には右手の怪我にもかかわらず六〇メートル競走で五位、立ち幅跳びで優勝しました。国別では二五人が参加して五〇点を獲得したイギリスが一位でしたが、人見一人で一五点を獲得した日本は五位になり、人見は個人優勝で金メダルを授与されました。すでに二〇世紀になっていたとはいえ、ヨーロッパの人々が想像する日本の女性は芸者という時代でしたが、人見は一人でイメージを変革したことになります。

次々と記録を更新

この遠征で外国の練習の事情を見聞した人見は、帰国して日本男子で最初に一〇〇メートルを一〇秒台で走破した同郷の谷三三五《たにささご》に指導を依頼し記録を向上させていきます。しかし日本でも橋本静子や双子の寺尾姉妹（正と文）など女子の走者が次々と登場する時代になっており、一九二七年に開催された第四回日本女子オリンピック大会では、五〇メートル競走で同着ながら橋本静子が一位になり、ついに国内で最初の敗戦を経験します。

それでも国内では断然の強者で、一九二八年の第五回日本女子オリンピック大会では一〇〇メートル競走と四〇〇メートル競走で世界最高記録で優勝、走り高跳びと槍投げでも優勝します。さらに大阪で開催された第一五回全日本陸上競技選手権大会では一〇〇メートル競走と走り幅跳びで世界記録を更新して優勝という桁違いの実力を発揮しています。人見は正真正銘の女性ですが、世間では男性ではないかという評判があったほどです。

八〇〇メートル競走の死闘

近代オリンピック大会を創設したクーベルタン男爵は女性の陸上競技への参加には反対でしたが、ついに一九二八年に開催された第九回アムステルダム大会で参加が承認され、人見は唯一の女子の日本代表として参加しました。陸上競技の一〇〇メートル競走、八〇〇メートル競走、円盤投げ、走り高跳という個人で参加できるすべての種目に登録していましたが、一〇〇メートル競争で入賞したら、それ以外は棄権する予定でした。

ところが予選では一位でしたが準決勝で四位になり、決勝に出場できなくなってしまいました。当時は参加することに意義があるという感覚の時代ではなく、国家の代表として面目なく帰国できないほどの衝撃でした。円盤投げは競技が終了しており、走り高跳びは苦手のため、競技の経験のない八〇〇メートル競走に挑戦する選択をします。予選は無事通過しましたが、翌日の決勝は自信がなく、睡眠できないほど緊張していました。

九人の競走になりましたが、先頭の選手を追走し、最後の一〇〇メートルで先頭になる作戦でした。トラックを一周した四〇〇メートルでは六位、六〇〇メートルで三位になり、最後の一〇〇メートルになったときに二位でした。しかし、その時点で人

人見とラトケ

見の記憶は喪失していました。前夜の睡眠不足と一口のメロンだけという食事で体力の限界だったのです。しかし、一位のドイツのL・ラトケと二位の人見は世界記録でした。

人見は日本の陸上競技の女子で最初のメダリストになりますが、第二のメダリストは六四年後の一九九二年に開催された第二五回バルセロナ大会のマラソンで二位となった有森裕子まで登場しませんでした。いかに人見の活躍が素晴らしいことであったかが理解できます。しかし過酷な競技だということで、この大会を最後に女子の八〇〇メートル競走は中止となり、三二年後に開催された第一七回ローマ大会まで復活しませんでした。

完全燃焼した最期

帰国してから一旦休養しますが、翌年から活動を再開し、後輩の育成にも努力します。一九三〇年九月にはプラハで開催された第三回国際女子競技大会に五人の後輩とともに参加、さらにワルシャワで開催されたポーランドとの対抗競技大会、ベルリンで開催されたドイツとイギリスとの対抗競技大会、ブリュッセルで開催されたベルギーとの対抗競技大会、パリで開催されたフランスとの対抗競技大会に次々と出場し、一一月に帰国しました。

短期に五回もの国際競技大会に出場し疲労困憊でしたが、帰国してから、応援してくれた団体などへの挨拶に忙殺された結果、強靭な肉体も対応できず、翌年三月に入院することになりました。しかし病状は悪化し、一九三一年八月二日に「息も脈も高し さればど わが治療の意気さらに高し」の辞世の言葉とともに二四歳で死去しました。一九二八年のアムステルダム大会の八〇〇メートル決勝でラトケと死闘をした三年後の当日でした。

ウーマンリブ運動を先導した

ベティ・フリーダン

（一九二一―二〇〇六）

女性解放運動の出発

スイスにある国際組織ワールド・エコノミック・フォーラムが二〇二二年七月に発表した「男女格差指数」によると、日本は一五六カ国中一一六位です。これは経済・教育・健康・政治について一四項目の男女格差の状況を集計した数値ですが、教育は一位、健康は六三位であるものの、経済の一二一位、政治の一三九位が全体の順位に影響しています。家庭では女性が支配している印象のある日本ですが、世界と比較すると、これが現状です。

このような日本の状況は公的な立場にある人物が公開の場面で女性を揶揄するような発言をしたことが象徴していますが、それは発言した個人の資質の問題だけではなく、社会の構造を反映した結果です。それも最近の構造というよりは一五世紀の戦国時代以来、武士が社会を統治してきた歴史を反映した状況です。この男性中心社会は日本だけではなく、西欧社会でも長期の歴史のある構造ですが、その修正が開始されたのは最近のことでした。

大半の時代と地域において男性が優位であった社会構造を是正しようという活動はフェミニズム（女性解放思想）と総称されますが、国家という単位で格差是正の制度が登場したのは一八世紀のフランスでした。一七八九年のフランス革命の結果、一七ケ条からなる「人間と市民の権利の宣言」が成立しますが、この人間と市民は男性でしかないと女性が抗議し、欧米諸国で抗議運動が登場しました。これは「第一波フェミニズム」と名付けられます。

その効果により一八九三年に世界最初に女性参政権が成立したニュージーランドを皮切りにヨーロッパ各国を中心に世界各地に女性解放運動が波及していきます。日本は出遅れて一九四五年に女性参政権が成立しますが、それまでに三一カ国で成立し、アメリカでも一九二〇年に実現しました。その影響からか女性の権利獲得の運動は一旦停滞しますが、日常生活では依然として女性は専業主婦であることを要求される社会でした。

その状況に強力な変化をもたらしたのがフランスの女性作家S・ド・ボーヴォワールが戦後の一九四九年に発表した『第二の性』でした。「人は女に生まれるのではない、女になるのだ」という有名な言葉とともに、これまで明示されることのなかった女性の内面を開示したことと、終生の伴侶であったJ・P・サルトルを旗手として世界を席巻した実存主義の追風もあり、一気に世界に「第二波フェミニズム」の活動が出現しました。

その影響により、一九六〇年代後半から、アメリカではウーマンリブ運動、フランスでは女性解放運動が活発になり、ニューヨークやパリなどで数十万人規模のデモ行進が発生しました。これは日本にも波及し、各地で集会が開催されるとともに、ミス・コンテストが中止になり、ピルの解禁を要求する運動も発生しました。このようなウーマンリブ運動のアメリカの中心人物の一人が作家ベティ・フリーダンですが、この闘士を今回は紹介します。

大学時代から目立った存在

フリーダンはアメリカのイリノイ州の農産物加工業が主要産業である当時の人口が八万人弱のピオリアという地方都市で、ロシアからの移民で都心に宝石販売の商店を出店していたハリー・ゴールドスタインとハンガリーからの移民で地方新聞の編集委員をしていたマリアム・ゴールドスタイン夫妻の子供として一九二一年に誕生しました。地元の高等学校に通学し友人と文学雑誌を発行するなど活発な女性でした。

一八歳になった一九三八年にマサチュセッツ州にある名門の私立女子大学スミス・カレッジに入学、優秀であったため一年のときに奨学資金を授与され、三年のときには大学新聞の編集を担当しますが、後年の活動を予感させるような政治的で反戦的な内容を掲載していました。成績は優秀で、一九四二年に首席で卒業、翌年にはカリフォルニア大学バークレイ校大学院に進学し、有名な心理学者E・エリクソン教授の指導で学習します。

博士課程に進学する十分な能力があったのですが、友人の男性の反対に影響され、一旦は故郷のピオリアに帰還します。その後、ニューヨークの都心に移動し、労働組合の発行する新聞の記者となり、一九五二年まで左翼の立場で記事を執筆していました。四七年に舞台演出の仕事をするカール・フリーダンと結婚、ニューヨーク郊外で生活しますが、第二子を妊娠したときに退職し、以後は様々な新聞や雑誌に記事を投稿する作家となります。

女性の地位向上に活躍

フリーダンが女性の社会での役割や地位の問題に目覚めたのは一九五七年のことでし

た。スミス・カレッジを卒業してから一五年後の同窓会に出席したとき、結婚して郊外住宅に居住する専業主婦として生活している卒業生の大半が状況を不満としていることに気付いたのです。大学に入学した段階では教育で獲得した能力を活用する仕事を目指していたのに、その能力を活用する境遇に出会えていないという女性が大半という状況でした。

そこで記者の経験を背景に、専業主婦として生活している女性から情報を収集したところ、大半の女性が大学で習得した能力を活用できない現状に不満があることが明確になり、記事として発表していました。それらを『女性らしさの神話（フェミニン・ミスティーク）』（一九六三）として出版したところ、ボーヴォワールの『第二の性』に匹敵する評判になり、四〇年間で約三〇〇万部も販売されるロングセラーになりました。

ここでフリーダンが主張したことは、女性には他者から承認される願望、自己を表現する願望が存在するとともに、子供をもつことを選択する権利、自由に生活する権利、自由に労働する権利が社会から認知されるべきということでした。アメリカでは一九二〇年に憲法修正第一九条が承認されて女性が投票権を獲得してから、一旦は女性の権利を要求する運動は退潮の傾向にありましたが、フリーダンの著書によって再燃したので

「女性のための全米機構」創設委員（1966）

す。
　フリーダンは一九六六年に開催された女性の地位についての第三回全米委員会会議に参加しますが、六四年に成立した雇用における男女の機会均等が認定されなかったため、会議に参加した二七名の女性とともに「女性のための全米機構（ＮＯＷ）」を設立してフリーダンが会長に就任しました。一〇月には総会を開催し、雇用機会の均等、賃金格差の解消、妊娠中絶の自由などを提言し、組織は急速に拡大していきます。
　その活動が世界から注目されたのが、アメリカでの女性参政権獲得五〇周年を記念して一九七〇年八月二六日に実行された「平等を目指す女性たちのストライキ」でした。ニューヨークの五番街でフリーダンを先頭に数万の女性が行進し、「今夜は夕食を用意しない」「ストライキの熱気があるうちはアイロンをかけるな」などと唱和しました。最後はブライアント公園に結集し、フリーダンをはじめNOWの幹部が演説をして解散しました。

そのときのフリーダンの演説の要旨を紹介します。「各地から参加した女性は現在の社会で見逃されている問題を指摘している。それは男女平等の権利の確保、子供の養育の制度、堕胎を禁止する法律などであるが、そのためには料理を放棄する、伴侶と対話する、デモ行進により意思を表明する、法律を成立させるために国会議員に要求するなどが必要である。全員が同一の手段を実行する必要はなく、各人が独自の方法で意見を表明すべきである」

さらに同年、NOWはニクソン大統領が指名した連邦最高裁判所の判事候補が人種差別や女性蔑視の発言の過去があるという理由で就任に反対して候補名簿から削除することに成功し、翌年の一九七一年には全米から三二〇人の女性が首都ワシントンに集結し、女性が公職に選任されることを推進するための全米女性政治連盟を結成するなど活躍します。さらに男女平等憲法修正条項が議会で可決されるための運動も展開しています。

時代が先行した晩年

しかし、社会はフリーダンの当初の理念以上に急速に変化し、母性尊重を否定する急進思想のフェミニスト、同性愛者のフェミニスト、セックスにおける両性対等を主張するフェミニストなどが登場し、すでに初老の年齢になったフリーダンの思想とは相容れない運動が活発になってきました。そこで一九八一年に『セカンド・ステージ』を出版し、家族の再建を提起したため、急進思想のフェミニストや同性愛者から批判されるようになります。

さらにフリーダンは中産階級の白人女性を対象に改革運動を推進してきましたが、それは第二波フェミニズムの主題ではあったものの、社会はＬＧＢＴという言葉が象徴する様々な人間関係への理解を要求する時代に移行してしまい、フリーダンの従来の思想では対応できない時代に突入するようになります。そこで一九九七年に『ビヨンド・ジェンダー』を出版しますが、急速な意識の変化には十分に対応できない内容でした。

さらに情報通信技術の急速な発展と普及によって、仕事の形態にもジョブ・シェアリングやフレックス・タイムなど、フリーダンが問題を提起しはじめた時代の社会構造は大幅に変化してしまい、一九五〇年代には革新であったフリーダンの思想や行動は現代では保守になっています。幸運か残念かは微妙ですが、フリーダンは二〇〇六年に八五歳で死去しており、社会における男女の関係を方向転換させた偉大な女性であることは確実です。

フリーダンの人生を冷徹に回顧すれば、自分が点火した革命が急速に進行し、人生の後半では社会が先行していった印象もあります。しかし、その真髄は彼女の以下の言葉に集約されています。

「女性も社会から影響されるだけではなく、社会に影響することができ、最後は男性と同様、自分で自分の人生を決定することができ、生活を幸福にすることも不幸にすることもできる」

これは男女に関係なく通用する人生の真実です。

月尾 嘉男　つきお よしお

1942年生まれ。1965年東京大学工学部卒業。工学博士。名古屋大学教授、東京大学教授などを経て東京大学名誉教授。2002－03年総務省総務審議官。

コンピュータ・グラフィックス、人工知能、仮想現実、メディア政策などを研究。全国各地でカヌーとクロスカントリースキーをしながら、知床半島塾、羊蹄山麓塾、釧路湿原塾、信越仰山塾、瀬戸内海塾などを主宰し、地域の有志とともに環境保護や地域振興に取り組む。

主要著書に『日本　百年の転換戦略』（講談社）、『縮小文明の展望』（東京大学出版会）、『地球共生』（講談社）、『地球の救い方』『水の話』『先住民族の叡智』（遊行社）、『100年先を読む』（モラロジー研究所）、『誰も言わなかった！本当は恐いビッグデータとサイバー戦争のカラクリ』（アスコム）、『日本が世界地図から消滅しないための戦略』（致知出版社）、『幸福実感社会への転進』（モラロジー研究所）、『転換日本 地域創成の展望』（東京大学出版会）、『清々しき人々』（遊行社）など。最新刊は『凜々たる人生 ―志を貫いた先人の姿』（遊行社）。

爽快なる人生
時代に挑戦した先人たち

2023年 1 月31日　初版第 1 刷発行

著　者　月 尾　嘉 男
発行者　本 間　千 枝 子
発行所　株式会社遊行社

160-0008 東京都日野市平山1-8-7
TEL 042-593-3554 FAX 042-502-9666
http://hp.morgen.websaite

印刷・製本　モリモト印刷株式会社

 ISBN978-4-902443-67-7